QC活动方法深入解析

郭丽颖 ◎ 编

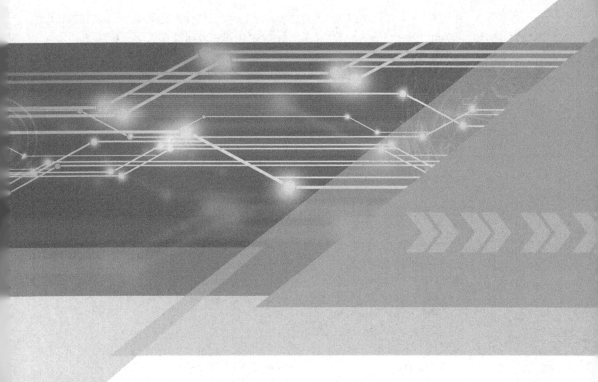

人民邮电出版社
北京

图书在版编目（CIP）数据

QC活动方法深入解析 / 郭丽颖编. -- 北京 : 人民邮电出版社, 2023.9
 ISBN 978-7-115-61289-2

Ⅰ. ①Q… Ⅱ. ①郭… Ⅲ. ①质量管理 Ⅳ. ①F273.2

中国国家版本馆CIP数据核字(2023)第040020号

内 容 提 要

本书重点介绍了 QC 小组活动中创新型课题的活动程序、部分统计方法和活动成果的评审。与《通信行业 QC 方法解析》一书构成了用于信息通信行业 QC 活动方法培训的完整教材。

本书将 QC 活动的方法与信息通信行业的特点相结合，做到 QC 方法培训"通信化"，使读者能够结合自身的工作岗位和业务特点，增进对 QC 活动方法的理解和掌握，是当前通信行业 QC 知识培训不可或缺的教材。本书还结合大量信息通信行业的实例，为读者提供实操指导。本书主要面向 QC 小组骨干、企业 QC 工作管理人员、QC 活动成果的评委及对 QC 活动感兴趣的人员。

◆ 编　　郭丽颖
　 责任编辑　王建军
　 责任印制　马振武

◆ 人民邮电出版社出版发行　北京市丰台区成寿寺路 11 号
　 邮编 100164　电子邮件 315@ptpress.com.cn
　 网址 https://www.ptpress.com.cn
　 固安县铭成印刷有限公司印刷

◆ 开本：700×1000　1/16
　 印张：14.25　　　　　　 2023 年 9 月第 1 版
　 字数：250 千字　　　　　2023 年 9 月河北第 1 次印刷

定价：69.00 元

读者服务热线：(010)81055493　印装质量热线：(010)81055316
　　　反盗版热线：(010)81055315
　　广告经营许可证：京东市监广登字 20170147 号

序　言

自人类社会形成起，就有了管理活动。进入工业化时代诞生了各种规模、类别不同的企业，相应地就有了企业管理。但管理活动一般是由专人负责的，在规模大的企业中，逐渐形成了管理的分类（如生产管理、财务管理、人事管理等）和层级，作为基层的一线工作者，往往就是被管理的对象。

实际上，一线人员是日常生产或业务类活动的主体，他们对各类活动的组织、活动的内容和效果有着最直接的体验，他们应该对之有发言权。因此如何调动发挥一线人员的积极性，让他们参与管理活动，以改进、提高生产、业务的有效性就成为重要的问题。

质量管理小组（Quality Control Circle，QC）就是组织、发动一线人员参与改进提高工作流程以提高产出效果的一种行之有效的手段。美国人W.爱德华兹·戴明（W. Edwards Deming）的质量管理理念在日本企业中的实践，通过不断改进完善收到了很好的效果，因此，质量管理理念在日本得到了广泛的推广。

随着改革开放的深入，我们对管理的认识有了根本的变化，全社会逐渐认识科学管理的重要性。国外各种管理理论也逐渐被引入，管理学作为学科重新得到确立，尤其在经济管理、企业管理、工程管理等方面的理论研究和实践中均有了一定程度的发展。在此大环境下，我国将日本QC小组活动方法引入中国。为了更好地推进这项活动，先后出台了《质量管理小组活动管理办法》和《关于推进企业质量管理小组活动意见》。

过去，QC小组活动主要在工厂中开展。而在电信业快速走向现代化的过程中，电信行业内部也开始了 QC 小组活动并在主管部门和社会组织的推动下，有了一定程度的普及和推广，已经成为一些企业的规定动作。

郭丽颖同志长期在电信企业担任领导工作，并且具有一定的教学经历，在其转到中国通信企业协会工作后，承担起了指导推广 QC 小组活动的任务。她在不断努力学习 QC 小组活动相关知识的基础上，结合大量企业的实践活动，自学了统计学基础理论，并将理论与实践经验进行了深入细致的结合，指导通信行业的 QC 小组活动。近年来，在中国通信企业协会组织的专题学习班上，郭丽颖同志做了多次专题讲座，并逐渐成为通信行业 QC 小组活动相关内容培训的主讲老师。根据工作的实际需要，她编写了适合通信行业培训的《QC 活动方法深入解析》，结合行业的实际案例，对 QC 小组活动中的"问题解决型"课题和活动中常用的方法做了详细的介绍，现已成为通信行业 QC 小组活动基础知识培训的主要教材。

随着社会的发展，科学技术的日新月异，企业和客户需求不断提高，当传统的方法已经不能满足需求时，QC 小组就要采用创新的方法来满足企业和客户的需求。近年来，在 QC 小组活动中"创新型"课题越来越多。按我本人理解，"问题解决型"课题通常针对的是显性的、技术类指标直接体现的目标。而"创新型"课题则相对复杂，针对多个因素关联的、效率效益类体现的目标，因此，需要采用未曾应用过的方法或技术，这样在活动中提供了更多小组、个人发挥创新性思维的空间。

郭丽颖同志这次出版的图书主要依据中国质量协会颁布的《质量管理小组活动准则》，结合通信行业的实际案例和活动中存在的问题，介绍"创新型"课题的活动程序，同时，还补充介绍了数理统计的一些基本知识和部分统计方法。相信作为 QC 小组活动培训教材的本书的出版，一定会对 QC 小组活动的进一步推广和提高发挥更好的作用。

朱高峰

2023 年 5 月

前言

　　为了提高信息通信行业质量管理小组（QC小组）活动水平，配合开展QC小组活动基础知识培训工作，我于2021年3月出版《通信行业QC方法解析》一书，经过两年来的培训工作和实践，收到了很好的效果。

　　全面提高QC小组活动水平的关键在于，参与活动的员工要全面掌握QC小组活动程序、正确运用统计方法。鉴于《通信行业QC方法解析》只介绍了问题解决型课题的活动程序和常用的统计方法，尚不能满足QC小组活动更高的要求和更深入学习的需要。特别是近年来，在信息通信行业开展的QC小组活动中，创新型课题越来越多，大家非常渴望系统地了解创新型课题活动程序。从目前的活动成果可以看出，小组成员对活动程序的掌握、统计方法的理解和运用等方面，仍有改进和提升的空间，需要通过培训加以引导，以促进活动水平的不断提高。当前，信息通信行业QC小组活动骨干培训（提高班）还没有一本系统的、具有信息通信行业特点的可供参考的教材。本书的出版不仅可以为信息通信行业QC小组活动骨干培训提供可参考的教材，也可以用于各行各业的QC小组学习和借鉴。

　　本书中介绍的QC小组活动程序（创新型课题），以中国质量协会T/CAQ 10201—2020《质量管理小组活动准则》为基础，结合信息通信行业QC活动实践，总结本人多年从事QC小组活动的经验体会，对《质量管理小组活动准则》进行了较详细的解析，也将对信息通信行业全面贯彻T/CAQ 10201—2020《质量管理小组活动准则》起到积极的推动作用。

本书在编写中重点把握了 3 个要点。一是注重 QC 小组活动知识的扩展性，介绍了创新型课题的 QC 小组活动程序和《通信行业 QC 方法解析》中没有介绍的统计方法，以补充小组活动所需要的知识和技能，进一步提升活动成果水平。二是注重针对性，对通信行业 QC 小组活动及成果中存在的问题、统计方法运用中出现的问题，有针对性地从理论到应用进行详解。三是注重行业特性，在讲解中采用了大量通信企业的案例，使行业内的读者能够结合自身的专业特点加深对 QC 方法的理解和掌握。

为了满足 QC 小组成员对 QC 知识扩展性的需求，全书分为 4 个章节。第一章是创新型课题活动程序介绍，本章依据 T/CAQ 10201—2020《质量管理小组活动准则》，详细介绍了创新型课题活动程序及每个活动步骤的要求，为了使读者加深理解，在介绍中引用了大量的通信行业 QC 小组活动成果的案例，本章是本书最重要的部分。第二章是统计技术的基础知识，本章简要介绍了应用统计技术涉及的相关概念和基础知识。第三章是几种统计方法介绍，本章介绍了箭条图法、PDPC 法、直方图、正交试验设计法、控制图、优选法和矩阵图，对于常用的方法，为了便于读者理解和掌握，在信息通信行业活动成果中选择了相关案例进行分析。第四章是活动成果的评审，重点介绍了现场评审和成果评审的方法，以及评审的要点，本部分内容对于行业、企业评审队伍的培养会起到积极的作用。此外，本书还选用两个优秀的成果作为附录，供读者学习和参考。

希望本书的出版，能够为广大通信行业 QC 小组活动的组织者和参与者，以及活动的骨干提供帮助，也借此为推动通信行业 QC 活动的开展做出贡献。

由于本人水平有限，书中难免存在不妥之处，希望读者指正。

郭丽颖

2022 年 12 月

目 录

第一章　创新型课题活动程序介绍……………………………………001

　第一节　选择课题……………………………………………………002
　　一、课题来源………………………………………………… 002
　　二、选题要求………………………………………………… 003
　　三、选择课题应注意的问题………………………………… 003
　第二节　设定目标及目标可行性论证………………………………009
　　一、设定目标………………………………………………… 009
　　二、目标可行性论证………………………………………… 009
　　三、设定目标和目标可行性论证要注意的问题…………… 010
　第三节　提出方案并确定最佳方案…………………………………016
　　一、提出方案………………………………………………… 016
　　二、确定最佳方案…………………………………………… 017
　第四节　制定对策……………………………………………………052
　第五节　对策实施、效果检查、标准化、总结和下一步打算……056
　　一、对策实施………………………………………………… 056
　　二、效果检查………………………………………………… 056
　　三、标准化…………………………………………………… 056
　　四、总结和下一步打算……………………………………… 058

第二章　统计技术的基础知识…………………………………………059

　第一节　统计方法及其用途…………………………………………060

一、统计技术、统计方法和统计工具 060
　　二、统计方法的应用 061
第二节　统计数据及其分类 062
　　一、计量值数据 062
　　二、计数值数据 063
第三节　总体和样本 063
　　一、总体 063
　　二、样本 064
　　三、抽样方法 064
　　四、总体和样本的关系 065
第四节　数据特征值 066
　　一、数据特征值的概念 066
　　二、常用的几种统计特征值 067
第五节　产品质量的波动 069
　　一、质量因素的分类 069
　　二、质量波动性的分类 071
　　三、产品质量波动的规律性 071
第六节　两类错误和风险 072

第三章　QC常用的统计方法 075
第一节　箭条图法 076
　　一、箭条图的概念与作用 076
　　二、箭条图的绘制与应用 078
第二节　PDPC法 081
　　一、PDPC法概念与作用 081
　　二、PDPC法的特征及作图步骤 084
第三节　直方图 086
　　一、直方图的概念及作图 086
　　二、直方图的观察分析 089
　　三、直方图在QC小组活动中的应用和要注意的问题 092
第四节　正交试验设计法 093
　　一、正交试验设计的基本概念 093
　　二、正交表的格式及特征 095
　　三、用正交表安排试验 096

第五节　控制图 102
　　一、控制图的原理 102
　　二、控制图的判断 105
　　三、控制图分类 108
　　四、控制界限的计算 109
　　五、计量值控制图 110
　　六、应用控制图要注意的问题 115
第六节　优选法 117
　　一、优选法的概念及应用 117
　　二、黄金分割法（0.618法） 118
　　三、对分法 119
第七节　矩阵图 120

第四章　QC小组活动成果的评审 123
　　一、评审的目的和作用 124
　　二、评审原则 124
　　三、现场评审 126
　　四、成果评审 128
　　案例一　研究算力网络下的5G+AR设备快速点检新方法 133
　　案例二　研究一种实时监测桥梁位移的新方法 172

《质量管理小组活动准则》摘要 197

附　录　常用正交表 203

后　记 217

第一章

创新型课题活动程序介绍

- 第一节　选择课题
- 第二节　设定目标及目标可行性论证
- 第三节　提出方案并确定最佳方案
- 第四节　制定对策
- 第五节　对策实施、效果检查、标准化、总结和下一步打算

近年来，随着国家对高质量发展的要求，各行各业对信息通信服务业的新需求不断增加，信息通信业传统的服务模式已经不能适应日益增长的专业化需求，因此，为了满足客户的特殊需求，QC 小组活动的创新型课题逐渐增多，对创新型课题的要求也逐渐清晰、明确。

QC 小组活动的创新型课题活动程序如图 1-1 所示。

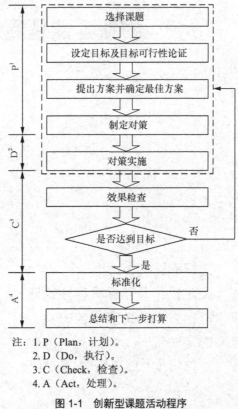

图 1-1　创新型课题活动程序

注：1. P（Plan，计划）。
　　2. D（Do，执行）。
　　3. C（Check，检查）。
　　4. A（Act，处理）。

第一节　选择课题

一、课题来源

创新型课题是QC小组在现有的技术、工艺、技能、方法等无法满足内部、外部客户及相关方需求的情况下，运用新思维、新技术、新方法选择的课题。

也就是说，创新型课题是来源于内/外部客户及相关方需求。此处的需求应该是明确的，不是由 QC 小组工作现场遇到的问题所转化的。

注：

顾客：国际标准化组织将客户定义为接受产品或服务的组织或个人。

内部客户：指组织内部依次接受产品或服务的部门和人员。例如，产品生产流水线上的下道工序的操作者；产品或服务形成过程处于中下游的部门，帮助客户使用产品或服务的代理人；包括股东、经营者、员工，在一条生产线上，接收上道工序产品的下一道工序可理解为上一道工序的顾客。

外部客户：指组织外部接受产品或服务的组织和个人。例如，消费者、委托人、零售商和最终使用者等；包括最终消费者、使用者、受益者或采购方。

相关方：与组织的业绩或成就有利益关系的个人或团体。例如，客户、所有者、员工、供方、银行、工会、合作伙伴。

二、选题要求

QC 小组选题应满足以下要求：

① 针对需求，通过广泛借鉴，启发小组创新的灵感、思路、方法等，研发（制）新的产品、服务、方法、软件、工具及设备等。

针对需求选择课题，选题时要清晰的说明需求，需求可以是来自客户的，也可以是企业的需求，但不是小组自身的需求。借鉴是创新型课题的重要基础；创新的思路不是凭空想象或突发奇想的，要通过广泛借鉴来启发创新思路和灵感，因此，借鉴的目的是启发创新的灵感。

② 课题名称应直接描述研发（制）对象。

创新型课题名称是对小组创新活动内容的高度概括，因此，课题名称不仅要直接针对所要研发（制）的服务、方法、设备等，还要针对需求直接表达，避免用抽象语言描述。

③ 必要时，论证课题的可行性。

QC 小组可根据实际情况自行确定是否要论证课题的可行性。

三、选择课题应注意的问题

创新型课题与问题解决型课题的选题不同，要特别注意以下几个方面。

① 创新型课题的选题不要与问题解决型课题混淆。创新型课题是针对需求的选题，因此，只说明需求，不做现状调查，也无需进行原因分析，不要在选题中过多的交代选题理由。

② 通过广泛借鉴，启发创新思路。广泛借鉴的目的就是启发 QC 小组成员的创新思路和创新灵感，摆脱传统思维模式的束缚，通过不同领域、不同技术、不同方法等的碰撞、融合，启发、拓展创新思维，寻找创新方法，从而研发（制）出有价值的创新成果。因此，创新型课题选题中的借鉴非常重要，借鉴的内容要为目标可行性论证、提出方案提供依据。

③ 广泛借鉴不受限制。借鉴不受限制包括以下内容。

- 创新思路不受限制。QC 小组成员要能够突破原有业界常规思维和束缚，通过不同领域、不同技术、不同功能等的碰撞和融合，产生有价值的创新思路和成果。

- 借鉴内容不受限制。借鉴的内容可以是本专业或类似专业已有的文献；不同行业已有的相关文献、实际技术和经验；国内外同行业已有的实际技术、经验；也可以是启发小组成员创新灵感的自然现象和能启发创新灵感的事物等。

④ 创新思路和借鉴点明确。要说明 QC 小组通过广泛借鉴的相关文献中的技术、方法、原理、功能等，对创新的思路即选择的创新课题有什么借鉴意义。借鉴的内容不可太笼统，不能只局限文章、专利名称，要明确借鉴了哪些具体内容。即借鉴点要明确。

【案例一】选择课题

1. 课题背景

公交出行是我国民众出行的重要选择，而大多数城市公交系统存在乘车挤、等车难等诸多问题。

2020 年 2 月，11 个部委联合印发了《智能汽车创新发展战略》，明确推动 5G 与车联网协同建设，规划到 2025 年实现 5G 车用无线通信技术(Vehicle to X, V2X) 区域覆盖，支持优势地区创建国家车联网先导区，这标志着车联网技术将迎来大发展时代。

厦门在《福建省交通强国先行区建设实施方案》中肩负着重要任务，承担交通强国建设试点工作，全面建成高效互联、安全可靠、绿色集约的现代综合交通运输体系。

2. 客户需求

为大力推进交通强国建设,厦门市交通运输局联合厦门移动等单位成立了"5G数字公共交通科技创新中心",着力打造全国首个城市交通"5G+BRT[1]"高精度大规模商用项目。

为实现精准客流识别、车辆智能驾驶、实时车速群控等智慧公交应用场景,智慧公交系统对网络时延和定位精度都提出了明确的需求,智慧公交时延和定位精度要求见表1-1。

表1-1 智慧公交时延和定位精度要求

场景应用	应用类型	时延要求			定位精度要求	
		超低	低	一般	高	一般
		<10ms	10~20ms	>20ms	0.8m	1~3m
智慧公交系统	精准客流识别			√		√
	车辆智能驾驶	√			√	
	实时车速群控		√		√	

目前,5G各行业应用最低网络时延都在20ms以上,最常用的全球定位系统(Global Positioning System,GPS)精确度在3m左右,无法满足该项目的需求。同时,GPS并非是中国研发的技术,安全风险性高。因此,需要研究实现智慧公交的新方法。

3. 广泛借鉴

QC小组成员在电气与电子工程师协会(Institute of Electrical and Electronics Engineers,IEEE)、中国知识基础设施工程(China National Knowledge Infrastructure,CNKI)等平台以"智慧公交、降低时延、高精度定位"为关键词进行检索,查找到若干篇论文,借鉴结果见表1-2,其中,5G边云协同、感知定位、北斗高精度定位等技术非常具有借鉴价值。

注:1. BRT(Bus Rapid Transit,快速公共汽车交通)。

表 1-2　借鉴结果

序号	查询结果	涉及领域	主要内容	借鉴点
1	《基于 MEC 的车联网技术研究及应用》	5G 网络	探索多接入边缘计算（Multi-access Edge Computing，MEC）与车联网场景深度融合，降低端到端时延，并给出 MEC 与 C-V2X 融合的网络规划	5G 边云协同
2	《5G eMBB[1] 空口时延分析与增强技术研究》	5G 网络	提出一种基于测试驱动的开发(Test-Driven Development，TDD)/频分双工（Frequency Division Duplexing，FDD）协同的上行增强技术，能够降低 5G 空口时延	降低时延
3	《车辆感知与定位研究——第 29 届国际智能车大会综述》	定位方式	从传感器数据融合、智能车定位与导航、激光雷达感知与定位方面分析车辆感知定位技术	感知定位技术
4	《LiDAR based altitude estimation for autonomous vehicles using elevation maps》	定位方式	通过雷达感知技术、三维点云、激光反射强度地图提高感知定位精度	感知定位架构
5	《一种基于5G+北斗的高精度定位系统》	北斗定位	北斗/全球导航卫星系统（Global Navigation Satellite System，GNSS）连续运行参考站网子系统、高精度定位核心云平台、高精度定位边缘云解算平台等多部分组成系统并提供服务的方法	卫星定位系统设计
6	《北斗/GNSS 高精度与快速定位数据服务系统设计与应用》	北斗系统	综合利用北斗/GNSS 差分增强技术和辅助定位技术，设计北斗高精度快速定位数据服务系统	北斗高精度定位设计
7	《一种基于RTK[2]和MEC的高精度定位实现方法》	定位方式	5G+高精度定位，结合卫星定位技术、载波相位差分技术、惯性测量方法，利用 5G MEC 增强数据解算能力，提升定位精度	定位精度提升

注：1. eMBB（enhanced Mobile Broadband，增强型移动宽带）。
　　2. RTK（Real-time Kinematic，实时动态）。

4. 确定课题

根据借鉴思路，我们可以通过 5G 边云协同计算有效降低时延，卫星或感知定位技术结合 5G MEC 增强数据解算能力，提高定位精度，以实现智慧公交的愿景，QC 小组确定活动课题为：研究基于 5G+高精度定位实现智慧公交的新方法。

【案例二】选择课题

1. 客户需求

长安汽车生产线上机器视觉人工智能（Artifical Intelligence，AI）质检系统需要高速率通信网络的支持，客户对时延等指标的生产需求见表1-3。

表1-3 客户对时延等指标的生产需求

场景	业务类型	网络需求（单小区）			
		上行速率	下行速率	端到端时延	可用度
AI质检系统	摄像头	30～50Mbit/s	/	<40ms	99.9%
	控制端	10～500kbit/s	/	<40ms	99.9%
	移动终端	0.5～3Mbit/s	0.5～3Mbit/s	<40ms	99.9%
	现场监视终端	0.5～2Mbit/s	2～6Mbit/s	<40ms	99.9%

一些高精密、高质量要求的生产线，对上行带宽的要求更高，有的带宽已经超过500Mbit/s。因此，需要网络能够支持更高速率、更低时延、更可靠的数据传输。

2. 需求分析

经实际测算，汽车AI质检定位请求及响应端到端传输时间之和约为80ms，为保证不影响汽车生产业务，单程传输时延需满足端到端40ms以内，端到端时延需求分析如图1-2所示。

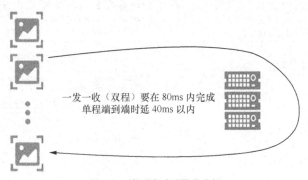

图1-2 端到端时延需求分析

长安汽车生产制造工厂内每个工业生产操作台同时由3个工业相机对其进行实时拍照并上传，每台照相机每秒拍照25张，每张容量为1.3MB，经测算，一个节点同时并发上传 780MB[3×25×1.3×8=780(MB)]，应用场景网络时延如图1-3所示。

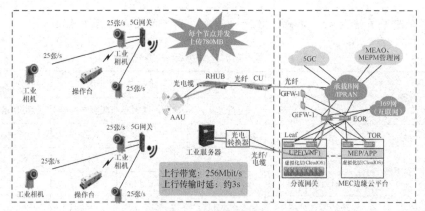

图1-3 应用场景网络时延

现场测试应用场景的 5G 网络上行带宽均值为 256Mbit/s，实际端到端传输时延约为 3000ms，远远大于客户应用所需的 40ms，不能满足客户生产需求。当前，我们亟须研究一种新的低时延数据传输模式。

3. 确定课题

研究工业视觉应用超低时延数据传输新方法。

4. 广泛借鉴

QC小组通过中国知网、万方数据库等平台，对工业应用上行数据超低时延传输技术进行查找和借鉴，找到 3 个可广泛借鉴的案例。借鉴案例如图 1-4 所示。

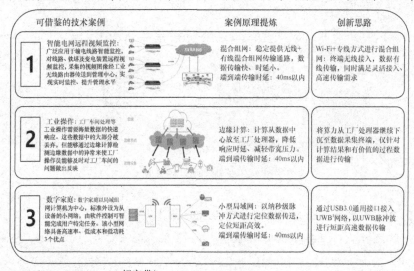

注：1. UWB（Ultra Wide Band，超宽带）

图1-4 借鉴案例

借鉴的技术对 QC 小组成员有很大的启发，为目标可行性论证和提出方案提供了依据。

第二节　设定目标及目标可行性论证

一、设定目标

QC 小组要围绕课题目的设定目标，课题目标来自于需求，如果需求是明确的，则需求的目标是可测量的、可检查的。也就是说，需求本身带着明确的目标，就把需求的目标设定为课题目标，如果需求的目标是定性的，则要将定性的需求，通过借鉴的技术、方法、原理等推导或通过搭建模拟试验环境进行试验，将试验结果作为课题目标的一个参照值。课题目标设定应满足以下要求。

① 课题目标必须与需求保持一致。QC 小组通常将创新的业务、方法等所要达到的目的设定为课题目标。课题目标只有与需求保持一致，才能通过创新活动满足客户及相关方的需求。

② 课题目标要可测量、可检查。课题目标不能用定性的目标代替，定性的目标不能判断QC 小组活动的成效。有时需求的目标可能是定性的，在这种情况下，QC 小组应该根据借鉴的内容，测算出满足需求的量化目标。

③ 课题目标设定不宜多。通常情况下，创新型课题目标的数量是一个，有时可能会有相互关联或相互制约的指标，在这种情况下，可以设置两个目标。

二、目标可行性论证

QC 小组在确定课题目标之后，应进行目标可行性论证。论证要以小组借鉴的内容为依据。

① 依据借鉴的相关数据进行对比论证。当课题目标是需求中明确的，QC 小组要结合借鉴的相关数据或将通过相关内容获得的数据与设定的目标值进行对比和分析，确认实现课题目标的可行性。借鉴内容包括借鉴对象的实际效果或借鉴相关数据的理论推导和测算。

② 根据获得的事实和数据进行定量分析与论证。尽管课题目标是 QC 小组

结合需求确定的,也要通过借鉴的技术、方法、原理等获取数据,论证目标实现的可行性。

为了使目标可行性论证具有客观性,QC 小组论证时要依据借鉴的内容获取的相关数据,数据获取的方法可以通过借鉴的技术或原理进行试验或推导所得。因此,对创新型课题广泛借鉴不仅是选题的需要,也是设定课题目标和目标可行性论证的依据。

三、设定目标和目标可行性论证要注意的问题

① 课题目标的设定要有依据,依据主要来自需求和借鉴的内容。不能凭借经验设定课题目标。

② QC 小组在进行目标可行性论证时,要注意用数据和事实说明该课题目标的可行性,不能只做定性分析。

③ 创新型课题的目标可行性论证,不要与问题解决型课题的目标可行性论证混淆。

【案例一】设定目标及目标可行性论证

1. 设定目标

为保证智慧公交平稳运行,结合客户实际需求,我们将厦门 BRT 场景实现智慧公交的目标设定为:时延小于 **10ms**,定位精度小于 **0.8m**。BRT 场景时延及定位精度要求见表1-4。

表1-4　BRT 场景时延及定位精度要求

场景应用	应用类型	时延要求			定位精度要求	
		超低	低	一般	高	一般
		<10ms	10~20ms	>20ms	0.8m	1~3m
智慧公交系统	精准客流识别			✓		✓
	车辆智能驾驶	✓			✓	
	实施车速群控	✓			✓	

2. 目标可行性论证

QC 小组参考借鉴的相关技术所达到的时延和定位精度,并通过搭建模拟试验环境,对目标可行性进行论证。

① 参考借鉴的相关技术

QC 小组借鉴文献《5G eMBB 空口时延分析与增强技术研究》，5G 空口时延可由 8ms 降低至 5ms；同时，依据《基于 MEC 的车联网技术研究及应用》，通过部署下沉 MEC，传输时延可以降至 1～3ms；最后再基于高计算性能的服务器进一步降低处理时延，将端到端时延控制在 10ms 以内是完全有可能的。

QC 小组借鉴文献《车辆感知与定位研究——第 29 届国际智能车大会综述》《一种基于 5G+北斗的高精度定位系统》对定位精度进行理论推导，分别如图 1-5 和图 1-6 所示。QC 小组结合感知定位技术，克服地图误匹配的情况，实现亚米级定位精度；通过 5G 与北斗高精度定位融合，结合载波相位差分技术和惯性测量技术，提高定位精度准确性及连续性，可在区域范围内提供实时亚米级精准定位服务。

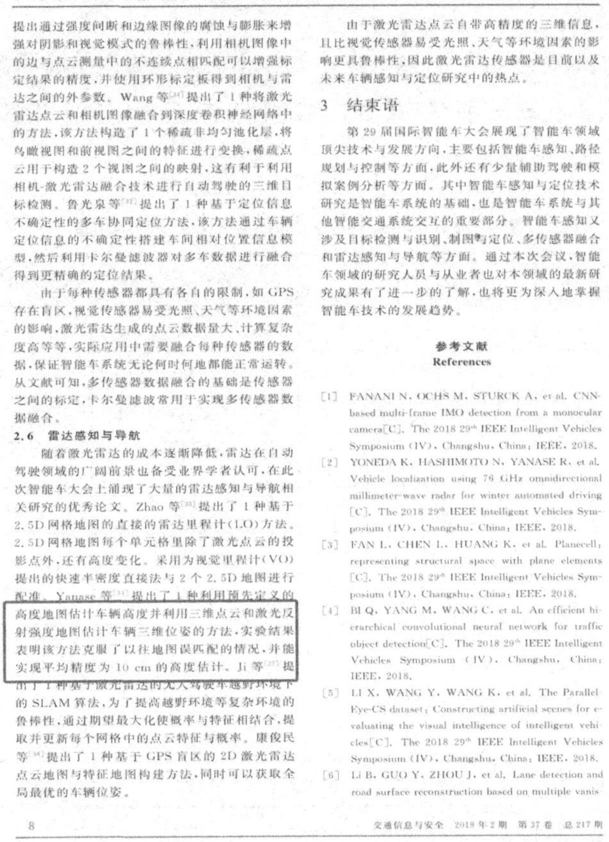
车辆感知与定位研究——第 29 届国际智能车大会综述——陶倩文 胡钊政 蔡浩 黄刚 王相龙 7

提出通过强度间断和边缘图像的腐蚀与膨胀来增强对阴影和视觉模式的鲁棒性，利用相机图像中的边与点云测量中的不连续点相匹配可以增强标定结果的精度，并使用环形标定板得到相机与雷达之间的外参数。Wang 等[31]提出了 1 种将激光雷达点云和相机图像融合到深度卷积神经网络中的方法，该方法构造了 1 个稀疏非均匀池化层，将鸟瞰视图和前视图之间的特征进行变换，稀疏点云用于构造 2 个视图之间的映射，这有利于利用相机-激光雷达融合技术进行自动驾驶的三维目标检测。鲁光泉等[32]提出了 1 种基于定位信息不确定性的多车协同定位方法，该方法通过车辆定位信息的不确定性搭建车间相对位置信息模型，然后利用卡尔曼滤波器对多车数据进行融合得到更精确的定位结果。

由于每种传感器都具有各自的限制，如 GPS 存在盲区，视觉传感器易受光照、天气等环境因素的影响，激光雷达生成的点云数据量大、计算复杂度高等等，实际应用中需要融合每种传感器的数据，保证智能车系统无论何时何地都能正常运转。从文献可知，多传感器数据融合的基础是传感器之间的标定，卡尔曼滤波常用于实现多传感器数据融合。

2.6 雷达感知与导航

随着激光雷达的成本逐渐降低，雷达在自动驾驶领域的广阔前景也备受业界学者认可，在此次智能车大会上涌现了大量的雷达感知与导航相关研究的优秀论文。Zhao 等[33]提出了 1 种基于 2.5D 网格地图的直接的雷达里程计(LO)方法。2.5D 网格地图每个单元格里除了激光点云的投影点外，还有高度变化。采用为视觉里程计(VO)提出的快速半密度直接法与 2 个 2.5D 地图进行配准。Yanase 等[34]提出了 1 种利用预先定义的高度地图估计车辆高度并利用三维点云和激光反射强度地图估计车辆三维位姿的方法，实验结果表明该方法克服了以往地图误匹配的情况，并能实现平均精度为 10 cm 的高度估计。Ji 等[35]提出了 1 种基于激光雷达的无人驾驶车越野环境下的 SLAM 算法，为了提高越野环境等复杂环境的鲁棒性，通过期望最大化使概率与特征相结合，提取并更新每个网格中的点云特征与概率。康俊民等[36]提出了 1 种基于 GPS 盲区的 2D 激光雷达点云地图与特征地图构建方法，同时可以获取全局最优的车辆位姿。

由于激光雷达点云自带高精度的三维信息，且比视觉传感器易受光照、天气等环境因素的影响更具鲁棒性，因此激光雷达传感器是目前以及未来车辆感知与定位研究中的热点。

3 结束语

第 29 届国际智能车大会展现了智能车领域顶尖技术与发展方向，主要包括智能车感知、路径规划与控制等方面，此外还有少量辅助驾驶和模拟案例分析等方面。其中智能车感知与定位技术研究是智能车系统的基础，也是智能车系统与其他智能交通系统交互的重要部分。智能车感知又涉及目标检测与识别、制图与定位、多传感器融合和雷达感知与导航等方面。通过本次会议，智能车领域的研究人员与从业者也对本领域的最新研究成果有了进一步的了解，也将更为深入地掌握智能车技术的发展趋势。

参考文献
References

[1] FANANI N, OCHS M, STURCK A, et al. CNN-based multi-frame IMO detection from a monocular camera[C]. The 2018 29th IEEE Intelligent Vehicles Symposium (IV), Changshu, China: IEEE, 2018.
[2] YONEDA K, HASHIMOTO N, YANASE R, et al. Vehicle localization using 76 GHz omnidirectional millimeter-wave radar for winter automated driving [C]. The 2018 29th IEEE Intelligent Vehicles Symposium (IV), Changshu, China: IEEE, 2018.
[3] FAN L, CHEN L, HUANG K, et al. Planecell: representing structural space with plane elements [C]. The 2018 29th IEEE Intelligent Vehicles Symposium (IV), Changshu, China: IEEE, 2018.
[4] BI Q, YANG M, WANG C, et al. An efficient hierarchical convolutional neural network for traffic object detection[C]. The 2018 29th IEEE Intelligent Vehicles Symposium (IV), Changshu, China: IEEE, 2018.
[5] LI X, WANG Y, WANG K, et al. The Parallel-Eye-CS dataset: Constructing artificial scenes for evaluating the visual intelligence of intelligent vehicles[C]. The 2018 29th IEEE Intelligent Vehicles Symposium (IV), Changshu, China: IEEE, 2018.
[6] Li B, GUO Y, ZHOU J, et al. Lane detection and road surface reconstruction based on multiple vanis-

8 交通信息与安全 2019 年 2 期 第 37 卷 总 217 期

图 1-5 《车辆感知与定位研究——第 29 届国际智能车大会综述》文献借鉴

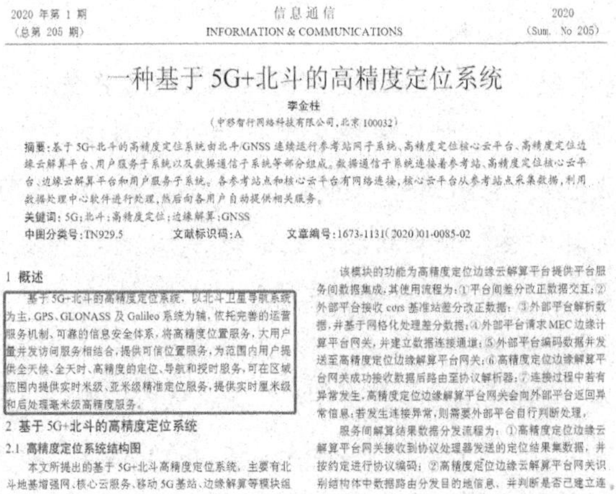
2020 年第 1 期（总第 205 期）　信息通信 INFORMATION & COMMUNICATIONS　2020（Sum. No 205）

一种基于 5G+北斗的高精度定位系统

李金柱

（中移智行网络科技有限公司，北京 100032）

摘要：基于 5G+北斗的高精度定位系统由北斗/GNSS 连续运行参考站网子系统、高精度定位核心云平台、高精度定位边缘云解算平台、用户服务子系统以及数据通信子系统等部分组成。数据通信子系统连接着参考站、高精度定位核心云平台、边缘云解算平台和用户服务子系统。各参考站点和核心云平台有网络连接，核心云平台从参考站点采集数据，利用数据处理中心软件进行处理，然后向各用户自动提供相关服务。

关键词：5G；北斗；高精度定位；边缘解算；GNSS

中图分类号：TN929.5　文献标识码：A　文章编号：1673-1131(2020)01-0085-02

1 概述

基于 5G+北斗的高精度定位系统，以北斗卫星导航系统为主，GPS、GLONASS 及 Galileo 系统为辅，依托完善的运营服务机制、可靠的信息安全体系，将高精度位置服务，大用户量并发访问服务相结合，提供可信位置服务，为范围内用户提供全天候、全天时、高精度的定位、导航和授时服务，可在区域范围内提供实时米级、亚米级精准定位服务，提供实时厘米级和后处理毫米级高精度服务。

2 基于 5G+北斗的高精度定位系统

2.1 高精度定位系统结构图

本文所提出的基于 5G+北斗高精度定位系统，主要有北斗地基增强网、核心云服务、移动 5G 基站、边缘解算等模块组

该模块的功能为高精度定位边缘云解算平台提供平台服务间数据集成，其使用流程为：①平台间差分改正数据交互；②外部平台接收 cors 基准站差分改正数据；③外部平台解析数据，并基于网格化处理差分数据；④外部平台请求 MEC 边缘计算平台网关，并建立数据连接通道；⑤外部平台编码数据并发送至高精度定位边缘解算平台网关；⑥高精度定位边缘解算平台网关成功接收数据后路由至协议解析器；⑦连接过程中若有异常发生，高精度定位边缘解算平台网关会向外部平台返回异常信息；若发生连接异常，则需要外部平台自行判断处理。

服务间解算结果数据分发流程为：①高精度定位边缘云解算平台网关接收到协议处理器发送的定位结果集数据，并按约定进行协议编码；②高精度定位边缘云解算平台网关识别结构体中数据路由分发目的地信息，并判断是否已建立连

图 1-6　《一种基于 5G+北斗的高精度定位系统》文献借鉴

② 试验测算

根据以上借鉴的文献，再结合人流量、换乘点、物理间隔等因素，QC 小组选择了 10 个代表性站点在 5G 试验室搭建模拟平台进行仿真试验。时延和定位精度的模拟试验测试结果见表 1-5。

表 1-5　时延和定位精度的模拟试验测试结果

站点	时延/ms	感知定位/m	5G+北斗高精度定位/m
厦门北	9.53	0.45	0.76
高崎机场	9.75	0.39	0.73
火车站	9.87	0.41	0.79
第一码头	9.57	0.46	0.74
大学城	10.02	0.31	0.75
前埔枢纽	9.65	0.37	0.8
蔡塘	8.97	0.47	0.6
同安枢纽	10.04	0.44	0.68
文灶	9.36	0.33	0.66
金榜公园	9.41	0.39	0.73
平均值	**9.617**	**0.402**	**0.724**

时延测试结果如图 1-7 所示。

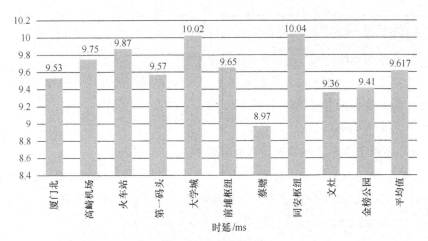

图 1-7 时延测试结果

定位精度测试结果如图 1-8 所示。

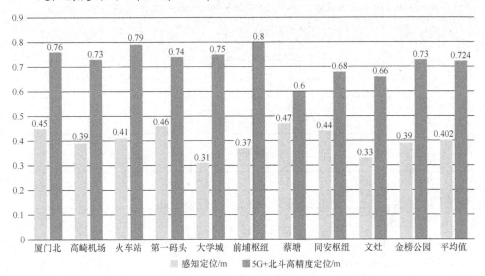

图 1-8 定位精度测试结果

测试结果显示,时延模拟试验测算结果虽然有波动,但平均时延在 9.617ms,小于目标 10ms;定位精度的模拟试验采取了感知定位和 5G+北斗高精度定位两种定位方法,试验结果的平均值均小于目标值 0.8m。

综合借鉴技术和试验测算的结果,QC 小组确认:时延 10ms,定位精度 0.8m 的目标可行。

【案例二】设定目标及目标可行性论证

1. 设定目标

为满足客户工业视觉应用生产需求，QC 小组将本次 QC 活动的课题目标设定为：端到端传输时延不超过 40ms。

2. 目标可行性论证

QC 小组借鉴的 3 种技术的传输时延都不超过 40ms。

QC 小组还根据借鉴的技术及创新思路分别搭建网络试验环境，对 3 种网络环境分别进行 100 次模拟试验，记录耗时情况，并提取其中最大时延进行数据分析，可行性试验测试统计（思路一）见表 1-6。

表 1-6　可行性试验测试统计（思路一）

创新思路一：同源并行 Wi-Fi 传输。 QC 小组搭建 Wi-Fi 无线传输环境，将图像传送到服务器，然后在服务器端进行图像识别计算		
序号	传输时延/ms	计算时延/ms
1	10	15
2	11	17
3	10	14
4	10	17
5	12	15
……	……	……
97	8	15
98	7	16
99	11	20
100	8	15
max	12	22
最大时延	12+22=34<40	

可行性试验测试统计（思路二）见表 1-7。

表 1-7　可行性试验测试统计（思路二）

创新思路二：算力下沉 5G 专网传输。 QC 小组模拟算力下沉，先进行图像识别计算，然后将计算结果通过 5G 网络传输至服务器端		
序号	传输时延/ms	计算时延/ms
1	3	20
2	5	20

第一章　创新型课题活动程序介绍

续表

创新思路二：算力下沉 5G 专网传输。		
QC 小组模拟算力下沉，先进行图像识别计算，然后将计算结果通过 5G 网络传输至服务器端		
序号	传输时延/ms	计算时延/ms
3	5	21
4	5	20
5	15	20
……	……	……
97	12	15
98	8	16
99	8	15
100	8	12
max	15	23
最大时延	15+23=38<40	

可行性试验测试统计（思路三）见表 1-8。

表 1-8　可行性试验测试统计（思路三）

创新思路三：通用接口 UWB 传输。		
QC 小组通过天线 UWB 通用接口搭建 UWB 传输环境，将图像传送到服务器端进行图像识别计算		
序号	传输时延/ms	计算时延/ms
1	2	12
2	3	13
3	9	12
4	5	17
5	7	15
……	……	……
97	5	16
98	9	18
99	8	17
100	6	17
max	10	18
最大时延	10+18=28<40	

经过试验，3 种创新思路方案测试所得最大时延均在 40ms 以内。

因此可知，3 种创新思路方案均能将端到端传输时延降至 40ms 以内。因此，课题目标可以实现。

第三节　提出方案并确定最佳方案

对于创新型课题，QC 小组要针对选择的课题，结合通过广泛借鉴受到的启发，提出实现课题目标的各种方案，并对提出的方案进行评价，从中确定最佳方案。该步骤是创新型课题独有的特点，也是有别于问题解决型课题的关键一步，这个关键步骤做的如何，是创新型课题活动顺利开展和取得成功的关键。

一、提出方案

QC 小组进行的是一种创新性的、挑战性的活动，因此，QC 小组应围绕实现课题目标、结合借鉴的相关内容，集思广益，用创造性思维，提出总体方案（是指 QC 小组通过广泛借鉴提出的可供选择的方案），并且针对选定的总体方案提出分级方案（是指 QC 小组对总体方案进行逐层分解中所提出的方案）。提出的方案不受常规思维、传统经验的束缚，不拘泥于方案本身技术是否可行、经济是否合理等。提出方案需要注意以下问题。

① 针对课题目标提出方案。如果提出的方案与课题目标无关，就不能保证课题目标的实现，创新活动就不会取得成效。

② 结合借鉴的思路、技术或方法等提出可能达到课题目标的方案。创新型课题的方案与借鉴的内容密切相关，借鉴的内容可能是一种或几种技术或方法，且这些技术或方法又是截然不同的，在这种情况下，QC 小组可以提出几个方案。但是，如果借鉴的技术或方法只有一种或几种方法中的关键技术相同，在这种情况下，只能提出一种方案。也就是说，提出方案的数量要根据实际情况决定。

③ 总体方案应具有创新性，创新点要明确，如果方案有多个，各方案应具有相对的独立性；分级方案应具有可比性、可操作性。创新性是对总体方案的基本要求，也是创新性课题最核心的内容。因此，无论总体方案有几个，都应该具有创新性，这种创新性体现在方案本身的关键技术上。总体方案的相对独

立性，体现在各种方案中的关键技术是不相同的。总体方案对创新性和相对独立性这两个方面的要求缺一不可。

④ 分级方案是总体方案的组成部分，QC 小组要根据情况提出多个可实施的分级方案，分级方案要具有可比性，以供比较选择。为了保证方案的顺利实施，分级方案还要具有可操作性，这是对分级方案的基本要求。分级方案一定是更加具体的方案，是总体方案具体实施的方法，因此，分级方案应尽可能细化分解，逐级展开，直至不能再展开为止。

二、确定最佳方案

提出方案后，QC 小组成员要对提出的方案逐个进行综合评价，从而选择出最佳方案。当提出两个以上总体方案时，首先要进行总体方案的评价选择。对创新型课题总体方案的综合评价，可从多个维度考虑，例如，预期效果、方案的可行性、经济的合理性、方案耗时，以及对其他工作的影响等。对于关键的维度，要有数据或客观事实支持方案的评价，数据可以通过借鉴的关键技术的相关数据或实际效果获得，也可以通过总体方案中借鉴的相关技术进行试验获得数据。对每个总体方案的综合评价完成后，直接进行对比选择。如果提出的方案都存在不足，也可以将两个方案的各自优势进行组合，形成新方案，在评价选择总体方案时，应尽可能用数据和客观事实展示。

选出总体方案后，QC 小组要对构成总体方案的分级方案进行逐级的评价选择。分级方案要比总体方案具体，因此，分级方案的评价更应该客观、有依据，不同的分级方案获得的数据、信息要保持一致，以便进行比较选择。对于数据比较接近或不能够直接做出决定的，可深入调查，必要时可进行小规模的模拟试验，通过进一步的论证，确定最佳方案。确定最佳方案后，QC 小组要对选择的最佳方案进行整理，再将最终方案作为对策纳入对策表。

在评价选择方案的过程中，QC 小组要注意以下 3 个问题。

① 在评价方案的过程中，要以客观事实为依据。确定最佳方案时，虽然可以对总体方案进行综合评价，但是，在方案的关键技术上，还要结合借鉴的核心

内容，做出客观的评价。对分级方案的评价应通过试验、调查获取数据，根据掌握的客观数据或信息做出判断。不能仅用定性方法对方案进行评价，缺少数据和客观事实做依据，会影响判断的准确性及方案选择的正确性。

② 数据可通过现场测量、试验或调查分析获取，对试验条件和收集的数据要做详细的说明，以保证判断的正确性。

③ 当对两个以上的方案（包括总体方案和分级方案）做评价选择时，数据、信息应有可比性。

【案例一】提出方案并确定最佳方案

1. 提出方案

该案例的课题名称为：研究基站能耗智能管控的新方法。QC 小组在完成课题选择、设定目标及目标可行性论证的步骤后，结合借鉴的两个案例，案例一：高速公路隧道照明智能节电及监控自动化管理系统如图 1-9 所示，案例二：大学校园智能节电插线板如图 1-10 所示。

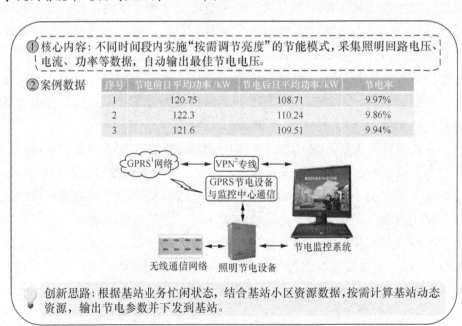

注：1. GPRS（General Packet Radio Service，通用分组无线业务）。
  2. VPN（Virtual Private Network，虚拟专用网络）。

图 1-9 案例一：高速公路隧道照明智能节电及监控自动化管理系统

①核心内容：关断时间为提前预设，智能控制插线板的关断，减少电器带来的电量消耗。

②案例数据

序号	节电前日平均功率/W	节电后日平均功率/W	节电率
1	511.2	458.16	10.38%
2	521.7	470.54	9.81%
3	516.5	468.08	9.37%

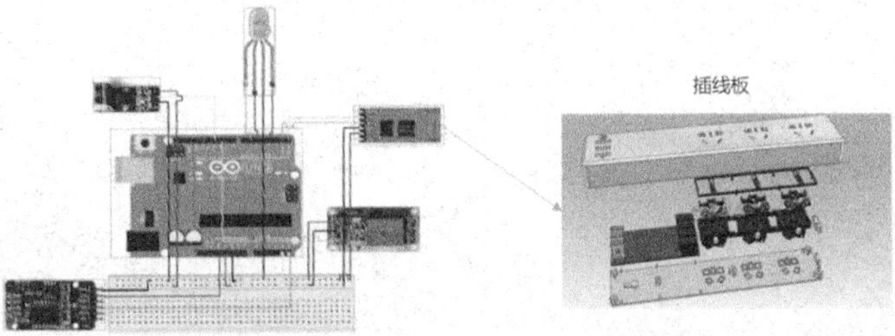

创新思路：在基站上安装智能电表，定时控制通断，实现静态硬关断，并监控基站的用电情况。

图 1-10　案例二：大学校园智能节电插线板

QC 小组在总结两个创新思路的基础上，经过充分的讨论，最终提出了两个方案。

方案一：分场景分层次的基站能耗智能管控方法。

方案二：决策业务量的基站能耗智能管控方法。

方案一原理如图 1-11 所示。

核心技术：智能计算+动态策略。创新点：分场景分层次输出关断策略

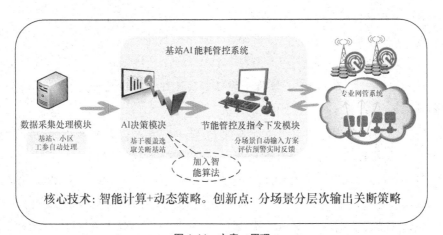

图 1-11　方案一原理

方案一的创新点：

① 分层次计算，智能管理；

② 分时间分场景输出节电策略，实时控制基站能耗；

③ 灵活生成节能任务，实时监控指标及评估预警。

方案二原理如图1-12所示。

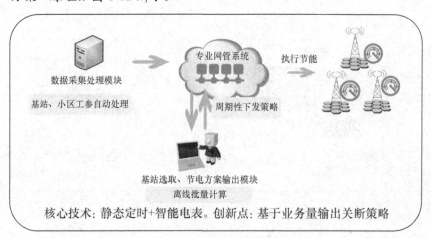

图1-12　方案二原理

方案二的创新点：

① 使用关键绩效指标（Key Performance Indicator，KPI）基于字符串匹配（The Knuth-Morris-Pratt，KMP）算法确定门限；

② 最长最优时段优先节电原则；

③ 周期性迭代调整。

2. 总体方案的评价选择

提出总体方案后，QC小组将从节电率、设备故障、投入成本和执行时间4个维度对两个方案进行评价。

QC小组根据2020年5月6日至5月25日的基站小区数据，通过智能节电平台对6月8日的业务数据进行预测，并生成节能执行任务小区10780个。其中，24小时全天候可以节能的基站小区，全网共550个，占比3.72%，在其中选取300个基站小区并根据方案一的关断方式，分30组进行等比例关断，其中，载波关断280个，符号关断10个，通道关断10个，于同年6月10日实施，统计试验前后的节电率和故障率。方案一试验前后耗电量变化统计见表1-9。

表 1-9 方案一试验前后耗电量变化统计

组号	试验前耗电量/千瓦时	试验后耗电量/千瓦时	节电率	组号	试验前耗电量/千瓦时	试验后耗电量/千瓦时	节电率
1	205.31	180.51	12.08%	16	205.69	178.56	13.19%
2	205.56	179.92	12.48%	17	203.67	181.90	10.69%
3	204.21	177.55	13.06%	18	205.45	178.28	13.22%
4	203.37	181.44	10.78%	19	205.68	179.61	12.68%
5	203.38	177.87	12.54%	20	203.26	178.51	12.18%
6	204.95	180.15	12.10%	21	203.05	179.83	11.44%
7	203.18	178.00	12.39%	22	204.32	181.35	11.24%
8	204.26	178.47	12.63%	23	205.05	180.68	11.88%
9	205.23	180.04	12.27%	24	203.70	179.89	11.69%
10	203.56	178.71	12.21%	25	203.32	177.76	12.57%
11	205.69	181.89	11.57%	26	204.66	181.16	11.48%
12	205.45	181.09	11.86%	27	205.33	181.53	11.59%
13	204.34	177.70	13.04%	28	205.43	181.64	11.58%
14	205.76	180.48	12.29%	29	205.13	178.68	12.89%
15	203.60	178.78	12.19%	30	203.61	177.88	12.64%
30 组平均值					204.51	179.66	12.15%

根据数据表画出折线图，直观地描述试验前后耗电量的变化情况，方案一的平均节电变化趋势如图 1-13 所示。

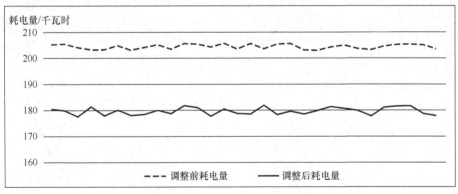

图 1-13 方案一的平均节电变化趋势

QC 小组提取专业网管数据，按分组统计试验前后基站小区的平均故障率，方案一的基站小区开启节电前后设备故障率统计见表 1-10。

表 1-10　方案一的基站小区开启节电前后设备故障率统计

序号	节电前故障率	节电后故障率	序号	节电前故障率	节电后故障率
1	0.03%	0.05%	16	0.22%	0.33%
2	0.21%	0.21%	17	0.60%	0.69%
3	0.08%	0.23%	18	0.41%	0.46%
4	0.15%	0.10%	19	0.21%	0.34%
5	0.63%	1.11%	20	0.33%	0.36%
6	0.34%	0.47%	21	0.01%	0.25%
7	0.59%	0.71%	22	0.32%	0.40%
8	0.06%	0.11%	23	0.21%	0.34%
9	0.43%	0.32%	24	0.08%	0.12%
10	0.53%	0.66%	25	0.06%	0.09%
11	0.15%	0.21%	26	0.25%	0.26%
12	0.12%	0.36%	27	0.51%	0.63%
13	0.16%	0.23%	28	0.15%	0.19%
14	0.18%	0.25%	29	0.35%	0.42%
15	0.32%	0.35%	30	0.66%	0.69%
30 组平均值				0.28%	0.36%

根据数据表画出折线图，直观地描述试验前后设备故障率的变化情况，方案一的试验前后设备故障率变化趋势如图 1-14 所示。

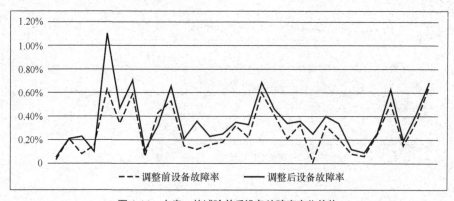

图 1-14　方案一的试验前后设备故障率变化趋势

QC 小组对方案一评估结果汇总，分场景分层次的基站能耗智能管控方法试验结果见表 1-11。

表 1-11　分场景分层次的基站能耗智能管控方法试验结果

评估方案	评估维度	评估结果	评估标准
分场景分层次的基站能耗智能管控方法	节电率	12.15%	节电率大于 9%
	设备故障率	0.08%	设备故障率的合理变化量小于 0.1%
	成本	预计成本 20 万元	合理值小于 30 万元
	执行时间	1～2min	合理值小于 5min

结论：分场景分层次的基站能耗智能管控方法的各项结果均符合评估标准。

2020 年 7 月 13 日，QC 小组选取方案一中 300 个基站小区划分的 30 组进行试验，按照方案二的算法进行方案调整与优化，评估优化后一周（7 月 13 日—20 日）和优化前（7 月 6 日—13 日）的指标改善情况，方案二的基站小区开启节电前后平均耗电量变化趋势见表 1-12。

表 1-12　方案二的基站小区开启节电前后平均耗电量变化趋势

组号	节电前耗电量/千瓦时	节电后耗电量/千瓦时	节电率	组号	节电前耗电量/千瓦时	节电后耗电量/千瓦时	节电率
1	203.19	172.31	15.20%	16	203.39	170.10	16.37%
2	200.80	173.17	13.76%	17	204.88	174.37	14.89%
3	200.57	171.37	14.56%	18	200.61	174.39	13.07%
4	203.54	174.79	14.12%	19	204.61	172.41	15.74%
5	204.45	170.49	16.61%	20	202.85	173.56	14.44%
6	204.51	173.55	15.14%	21	203.17	172.81	14.95%
7	204.17	171.70	15.90%	22	203.99	170.31	16.51%
8	203.79	174.09	14.57%	23	203.02	172.28	15.14%
9	202.09	174.29	13.76%	24	203.65	170.67	16.19%
10	202.32	173.10	14.44%	25	201.27	171.34	14.87%
11	203.08	172.28	15.17%	26	203.05	174.05	14.28%
12	200.31	170.09	15.09%	27	200.23	171.18	14.51%
13	204.21	170.42	16.54%	28	200.32	173.63	13.32%
14	204.25	172.90	15.35%	29	204.10	174.99	14.26%
15	200.72	171.24	14.69%	30	200.63	171.62	14.46%
30 组平均值					202.73	172.45	14.94%

QC 活动方法深入解析

QC 小组根据数据表画出折线图，直观地描述试验前后耗电量的变化情况，方案二的平均节电变化趋势如图 1-15 所示。

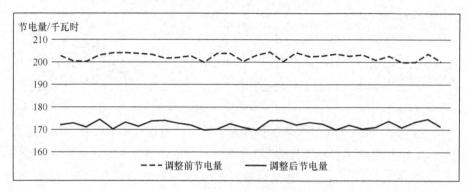

图 1-15　方案二的平均节电变化趋势

提取专业网管数据，按分组统计节电前后基站小区的平均故障率，方案二的基站小区开启节电前后设备故障率统计见表 1-13。

表 1-13　方案二的基站小区开启节电前后设备故障率统计

序号	节电前故障率	节电后故障率	序号	节电前故障率	节电后故障率
1	0.33%	0.56%	16	0.02%	0.33%
2	0.12%	0.51%	17	0.69%	0.99%
3	0.21%	0.34%	18	0.35%	0.36%
4	0.08%	0.12%	19	0.11%	0.20%
5	0.06%	0.09%	20	0.03%	0.58%
6	0.25%	0.26%	21	0.15%	0.21%
7	0.51%	0.63%	22	0.12%	0.36%
8	0.15%	0.19%	23	0.16%	0.23%
9	0.35%	0.52%	24	0.18%	0.45%
10	0.56%	0.57%	25	0.32%	0.55%
11	0.28%	0.36%	26	0.22%	0.33%
12	0.22%	0.36%	27	0.60%	0.89%
13	0.26%	0.68%	28	0.41%	0.66%
14	0.38%	1.02%	29	0.21%	0.34%
15	0.12%	0.55%	30	0.33%	0.56%
30 组平均值				0.26%	0.46%

根据数据表画出折线图，直观地描述试验前后设备故障率的变化情况，方

案二的试验前后设备故障率变化趋势如图1-16所示。

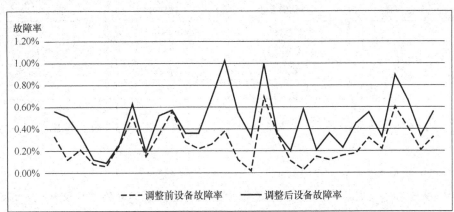

图1-16　方案二的试验前后设备故障率变化趋势

QC小组对方案二评估结果汇总,基于业务量的基站能耗智能管控方法输出试验结果见表1-14。

表1-14　基于业务量的基站能耗智能管控方法输出试验结果

评估方案	评估维度	评估结果	评估标准
基于业务量的基站能耗智能管控方法	节电率	14.94%	节电率大于9%
	设备故障率	0.20%	设备故障率的合理变化量小于0.1%
	成本	预计成本20万元	合理值小于30万元
	执行时间	30~60min	合理值小于5min

结论:基于业务量的基站能耗智能管控方法,设备故障率和执行时间不符合评估标准。

两个方案效果对比见表1-15。

表1-15　两个方案效果对比

评估方案	评估维度	评估结果	综合分析
方案一:分场景分层次的基站能耗智能管控方法	节电率	12.15%	符合评估标准
	设备故障率	0.08%	
	成本	预计成本20万元	
	执行时间	1~2min	

续表

评估方案	评估维度	评估结果	综合分析
方案二：基于业务量的基站能耗智能管控方法	节电率	14.94%	设备故障率和执行时间不符合评估标准
	设备故障率	0.20%	
	成本	预计成本20万元	
	执行时间	30～60min	

根据对比结果，QC小组决定选择方案一：分场景分层次的基站能耗智能管控方法。

3. 总体方案细化

确定总体方案后，QC小组将总体方案根据其组成部分逐层分解细化，方案细化分解示意如图1-17所示。

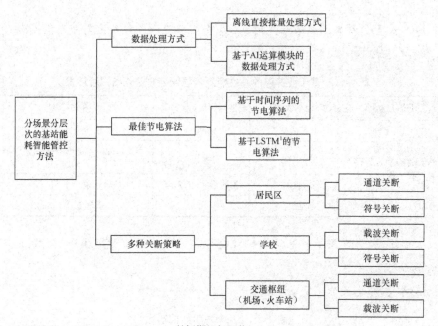

注：1. LSTM（Long Short-Term Memory，长短期记忆网络）。

图1-17　方案细化分解示意

4. 分级方案的评价选择

1）数据处理方式选择

针对数据处理方式，QC小组提出了两种实现方案。

(1)方案一：离线直接批量数据处理

离线直接批量数据处理流程如图 1-18 所示。

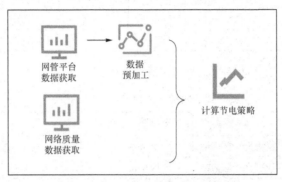

图 1-18　离线直接批量数据处理流程

(2)方案二：基于 AI 运算模块的数据处理

基于 AI 运算模块的数据处理流程如图 1-19 所示。

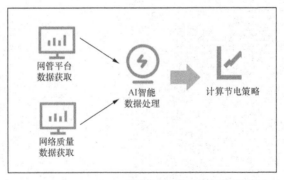

图 1-19　基于 AI 运算模块的数据处理流程

为验证两种方案的可行性，对两种方案进行了测试，方案测试结果见表 1-16。

表 1-16　方案测试结果

方案	测试方式	测试时间	测试内容	结果
方案一：离线直接批量数据处理	数据模拟	7.08min	使用获取的节电策略与基站数据进行比对	节电策略可行有效
方案二：基于 AI 运算模块的数据处理				节电策略可行有效

QC 小组为测试数据处理效率，对两种方案分别进行了多次测试，两种方案

的试验数据对比结果见表 1-17。

表 1-17 两种方案的试验数据对比结果

基站/个	100	200	300	500	1000
方案一耗时/min	3.2	5.4	8.3	15.3	28.6
方案二耗时/min	1.4	2.6	3.5	6.7	9.6

两种方案的试验评估对比结果见表 1-18。

表 1-18 两种方案的试验评估对比结果

方案	输出基站的节能策略	1000 个基站的耗时	评估结果
方案一	成功输出基站的节能策略	28.6min	数据预处理较为麻烦,耗时长
方案二	成功输出基站的节能策略	9.6min	AI 运算模块提高了工作效率,耗时短

根据评估结果,QC 小组选择方案二:基于 AI 运算模块的数据处理。

2)基站节电算法的选择

QC 小组对选取节电基站调优时,设计了两种方案,基于时间序列的节电算法和基于 LSTM 的节电算法原理示意如图 1-20 所示。

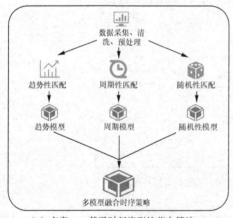

(a) 方案一:基于时间序列的节电算法　　　(b) 方案二:基于 LSTM 的节电算法

图 1-20 基于时间序列的节电算法和基于 LSTM 的节电算法原理示意

QC 小组为筛选最优节电的基站小区,按照基站的经纬度、流量等特征,筛选最优的节电区域,对 100 个基站小区进行 100 次迭代循环,分别使用基于时间序列的节电算法和基于 LSTM 的节电算法进行计算,统计两种算法的均方误差和计算时长,两种节电算法试验结果见表 1-19。

第一章 创新型课题活动程序介绍

表 1-19 两种节电算法试验结果

方案	区域基站/个	均方差	计算时长/s	预测集数据量/条
方案一：基于时间序列的节电算法	100	483.25	10	1万
方案二：基于 LSTM 的节电算法	100	491.67	1816	≈100万

QC 小组根据两种节电算法的试验结果，对两种方案进行评估，两种节电算法的实验情况及评估见表 1-20。

表 1-20 两种节电算法的试验情况及评估

方案	对比情况（平均 100 个基站）			实验结果
	计算时长/s	均方差	资源成本	
方案一：基于时间序列的节电算法	10	483.25	2 块 CPU，使用普通磁盘存储	时间序列算法成功，均方差小于 500，计算消耗时间较短，需要硬件资源少
方案二：基于 LSTM 的节电算法	1816	491.67	8 块 CPU，使用海量磁盘存储	LSTM 算法成功，均方差小于 500，但计算时间长，消耗服务器资源是方案一的 4 倍

根据两种节电算法的实验结果，QC 小组最终选定方案一：基于时间序列的节电算法。

3）居民区基站关断方式的选择

居民区基站关断方式的选择如图 1-21 所示。

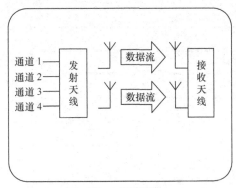
(a) 方案一：通道关断

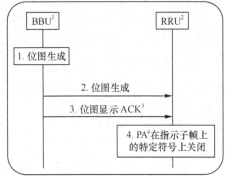
(b) 方案二：符号关断

注：1. BBU（Building Base band Unit，基带处理单元）。
2. RRU（Remote Radio Unit，射频拉远单元）。
3. ACK（Acknowledgement，肯定应答）。
4. PA 属于没有导频的 OFDM A 类符号的数据子载波功率和导频子载波功率的比值。

图 1-21 居民区基站关断方式的选择

2020年6月1日到6月10日，QC小组对全市不同区域的100个居民区进行试验，试点居民区基站采用不同的关断方式，分别统计基站耗电量及周边用户数见表1-21。

表1-21 分别统计基站耗电量及周边用户数

居民区	基站耗电量/千瓦时		基站周边最大用户数/个	
日期（2020年）	通道关断	符号关断	通道关断	符号关断
6月1日	9.88	6.44	0	10
6月2日	9.62	6.23	19	17
6月3日	9.39	6.23	3	17
6月4日	9.74	6.33	21	2
6月5日	9.82	6.98	12	14
6月6日	9.54	6.20	24	9
6月7日	9.92	6.85	39	10
6月8日	9.89	6.82	28	3
6月9日	9.09	6.39	18	8
6月10日	9.55	6.68	3	16

试点居民区基站耗电量如图1-22所示。

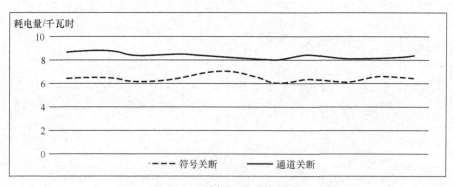

图1-22 试点居民区基站耗电量

居民区基站周边最大用户数如图1-23所示。

第一章　创新型课题活动程序介绍

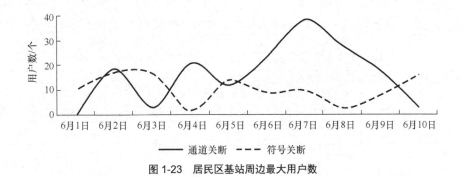

图 1-23　居民区基站周边最大用户数

居民区基站两种关断方案对比见表 1-22。

表 1-22　居民区基站两种关断方案对比

方案	对比情况		
	观察时间/min	基站平均耗电量/千瓦时	用户使用情况
方案一：通道关断	5	9	有起伏
方案二：符号关断	5	6	基本稳定

根据测试结果，QC 小组对两种方式进行对比，通道关断方案的基站耗电量较高，且观察时间及周边用户数起伏较大。因此，在居民区，QC 小组选择采用符号关断方案。

4）学校基站关断方式的选择

学校基站关断方式的选择如图 1-24 所示。

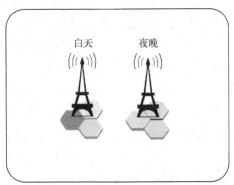

(a) 方案一：载波关断

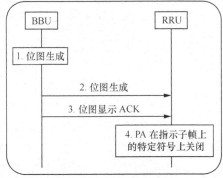

(b) 方案二：符号关断

图 1-24　学校基站关断方式的选择

031

2020年6月15日到6月25日，QC小组对全市不同区域50所学校进行试验，试点学校基站采用不同关断方式的耗电量及周边用户数对比见表1-23。

表1-23 试点学校基站采用不同关断方式的耗电量及周边用户数对比

学校 日期（2020年）	耗电量/千瓦时		基站周边最大用户数/个	
	载波关断	符号关断	载波关断	符号关断
6月15日	1.34	6.83	3	7
6月16日	1.06	6.54	3	8
6月17日	1.71	6.84	2	4
6月18日	1.66	6.26	3	3
6月19日	1.41	6.96	5	3
6月20日	1.51	6.88	3	4
6月21日	1.39	6.20	4	11
6月22日	1.74	6.86	3	3
6月23日	1.89	6.27	3	3
6月24日	1.01	6.21	7	9

试点学校基站耗电量如图1-25所示。

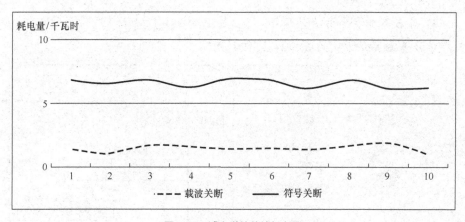

图1-25 试点学校基站耗电量

试点学校基站周边最大用户数如图1-26所示。

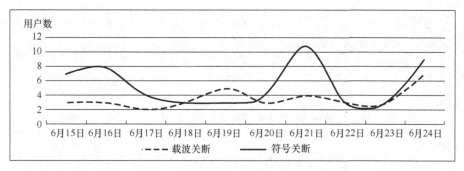

图 1-26 试点学校基站周边最大用户数

试点学校基站两种关断方案对比见表 1-24。

表 1-24 试点学校基站两种关断方案对比

方案	对比情况		
	观察时间/min	基站平均耗电量/千瓦时	基站周边使用情况
方案一：载波关断	5	2	基本稳定
方案二：符号关断	5	6	有较大起伏

测试结果显示，因学校存在特殊性，夜间无大量用户，所以采用载波关断方案可大大降低耗电量，用户数也趋于稳定。所以，在学校区域 QC 小组选择采用载波关断方案。

5）交通枢纽基站关断方式的选择

交通枢纽基站关断方式的选择如图 1-27 所示。

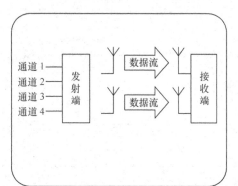

（a）方案一：通道关断

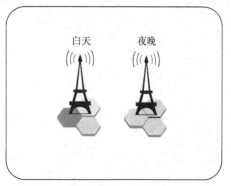

（b）方案二：载波关断

图 1-27 交通枢纽基站关断方式的选择

2020年7月1日到7月10日，QC小组对全市不同区域30个高速路段、火车站、机场等区域进行试验，试点交通枢纽基站采用不同关断方式的耗电量及周边用户数对比见表1-25。

表1-25 试点交通枢纽基站采用不同关断方式的耗电量及周边用户数对比

交通枢纽	基站耗电量/千瓦时		基站周边最大用户数/个	
日期（2020年）	载波关断	通道关断	载波关断	通道关断
7月1日	7.07	6.41	3	0
7月2日	7.44	7.00	8	20
7月3日	7.63	6.57	9	10
7月4日	7.38	6.04	20	18
7月5日	7.90	6.18	19	5
7月6日	7.58	6.26	3	19
7月7日	7.70	6.52	13	14
7月8日	7.14	6.30	1	3
7月9日	7.60	6.23	13	10
7月10日	7.33	6.22	11	16

试点交通枢纽基站耗电量如图1-28所示。

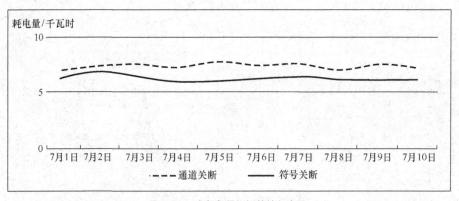

图1-28 试点交通枢纽基站耗电量

试点交通枢纽基站周边基站用户用电情况如图1-29所示。

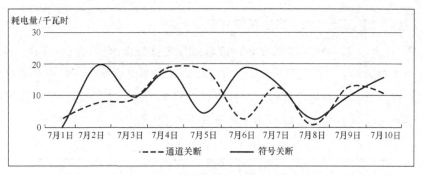

图 1-29　试点交通枢纽基站周边用户用电情况

试点交通枢纽基站两种关断方案对比见表 1-26。

表 1-26　试点交通枢纽基站两种关断方案对比

方案	对比情况		
	观察时间/min	基站平均耗电量/千瓦时	基站周边用户使用情况
方案一：通道关断	5	6	有较大起伏
方案二：载波关断	5	8	有较大起伏

测试结果显示，结合基站耗电量以及周边用户用电情况，QC 小组决定交通枢纽的基站节电采用通道关断方案。

5. 确定最佳方案

经过对各个方法的评价选择，QC 小组整理最佳方案，最佳方案如图 1-30 所示。

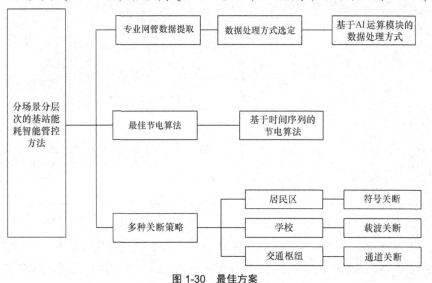

图 1-30　最佳方案

QC 活动方法深入解析

【案例二】提出方案并确定最佳方案

QC 小组根据 10086 客服对客户投诉问题定位的需求，通过借鉴相关文献，选择了课题名称为"研究5G语音呼叫时延切片定界新方法"。QC 小组根据需求设定了课题目标，并进行目标可行性论证，借鉴内容见表 1-27。下面是小组完成的"提出方案并确定最佳方案"的步骤。

表 1-27 借鉴内容

借鉴方案	借鉴一：特斯拉"一体化铸造"	借鉴二：VoLTE 呼叫时延切片方案
方案来源	《特斯拉"一体铸造"技术解读》	中国移动《VoLTE 呼叫时延切片方法论》
借鉴点	"一体化铸造"简化制造并提升刚性	时延切片模型
方案架构	（特斯拉一体化铸造车身图示）	（5G 语音呼叫信令流程图及时延切片表格）
借鉴理由	多条单接口 X 数据记录（X Data Recording，XDR）整合为单条综合性 XDR，将多类型对象整合为单一对象。提升执行效率并简化分析逻辑	可将 5G 呼叫 200 多条信令消息按照关键流程分解为几大场景下的更细粒度的时延切片，便于评价单个时延切片的质量

1. 提出总体方案

借鉴特斯拉"一体化铸造"提高整车生产效率、零部件刚性和 VoLTE 时延切片方法论思路，根据 5G 语音 EPS FB 呼叫跨五域涉及 XDR 生成、XDR 存储、业务逻辑大数据处理、时延分析切片生成、智能定界等环节，提出基于多域切片的5G语音呼叫时延定界方案，并展开理论与试验分析。

总体方案理论框架如图1-31所示。

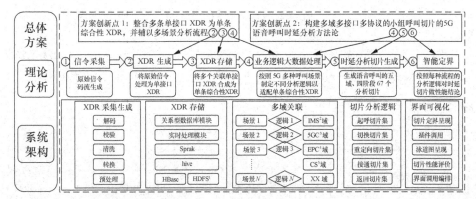

注：1. HDFS（Hadoop Distributed File System，分布式文件系统）。
2. IMS（IP Multimedia Subsystem，IP号媒体子系统）。
3. 5GC（5G Core，5G核心网）。
4. EPC（Evoled Packet Core，4G核心网）。

图1-31　总体方案理论框架

QC小组借鉴特斯拉"一体化铸造"方案创新提出整合多条单接口XDR为单条综合性XDR，并辅以多场景分析流程，在XDR生成、XDR存储和业务逻辑大数据处理等环节改善系统对5G语音呼叫场景的分析效率。

QC小组借鉴VoLTE时延切片方法论，创新提出构建多域多接口多协议的5域、4阶段的67切片的5G语音呼叫时延分析方法，在业务逻辑大数据处理、时延切片生成、智能定界3个环节实现了5域、4阶段的67个呼叫切片，完善5G时延分析涉及的所有场景并制定出相应判别规则以辅助定界。

通过分析系统架构的理论，QC小组认为"基于多域切片的5G语音呼叫时延定界方案"架构可行。

QC小组成员通过搭建试验环境、试验数据输入、综合性XDR生成、时延切片输出、定界效果检验，从有效性、经济性等方面对时延切片定界的及时性、准确率及技术复杂度进行验证，以评估总体方案的效果。

总体方案试验流程示意如图1-32所示。

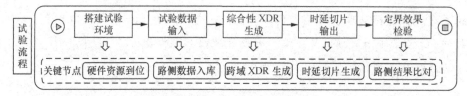

图 1-32　总体方案试验流程示意

QC 小组针对 10 地市开展在指定无线跟踪区代码(Tracking Area Code,TAC)范围内 5 种场景的 5G 呼叫实验,通过进行 3500 次呼叫验证,获得实验数据。总体方案实验分析见表 1-28。

表 1-28　总体方案实验分析

语音时延场景/环节	信令采集	XDR生成	XDR存储	业务逻辑大数据处理	时延分析切片生成	智能定界	实验数据/min	实验数据/准确率
5G 语音互拨	5	4.8	5	10.1	5.1	4.5	34.5	97.50%
5G 与 4G 互拨	5	4.6	5	10.2	5.1	4.6	34.5	97.55%
5G 与 2G 互拨	5	4.5	5	9.5	5.2	4.3	33.5	97.74%
5G 与中国电信/中国联通互拨	5	4.4	5	9.6	4.6	4.2	32.8	98.50%
5G 与 VoBB 固话互拨	5	4.7	5	9.5	4.7	4.4	33.3	98.80%
平均值	5	4.6	5	9.78	4.94	4.4	33.72	98.20%

试验结果分析见表 1-29。

表 1-29　试验结果分析

评估项目	评估结果
有效性	对各类型场景时延环节验证定界有效
准确性	通过优化前后的效果比对,准确率为 98.2%,大于 95%
时效性	实验结果平均耗时 33.7min,小于 35min
经济性	部署在自有云资源池,预计投资 19.5 万元,小于 20 万元
技术难度	涉及的数据采集、大数据部署、呼叫场景逻辑生成等技术均在 QC 小组成员知识领域内,具备部署能力

QC 小组通过部署实验环境，针对五大场景，对 6 个环节从信令采集、XDR 生成、业务逻辑大数据处理、时延分析切片生成、智能定界展开测试验证，测试平均时长为 33.7min，准确率达 98.2%，经验证，此方案可行。

2. 分级方案选择

QC 小组成员梳理整合总体方案《基于多域切片的 5G 语音呼叫时延定界方案》，并将"XDR 处理方式、数据存储、多域关联、切片分析逻辑、界面可视化"5 个方面逐层展开。提出的总体方案和分级方案示意如图 1-33 所示。

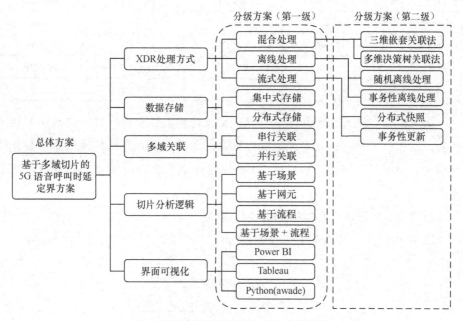

图 1-33　提出的总体方案和分级方案示意

1）XDR 处理方式的分级方案选择

XDR 处理方式第一层分级方案如图 1-34 所示。

图 1-34　XDR 采集生成第一层分级方案

XDR 采集生成方式有混合处理、离线处理和流式处理，QC 小组对 3 种处理方式开展 6 个维度的综合评估对比,以在 2021 年年底陕西移动 500 万 5G 语音客户规模下,结合信令系统 150 虚拟机、500TB 存储资源的配置和超过 1000 万条信令数据规模开展评估。6 个维度的评估结果见表 1-30。

表 1-30 6 个维度的评估结果

评价内容	评估标准	流式处理	离线处理	混合处理
处理数据规模	>100TB	200TB	400TB	350TB
计算能力	>100Mbit/s	200Mbit/s	500Mbit/s	400Mbit/s
数据滞后时间	<1h	5min	1h	5min
系统稳定性	≥99.90%	99.50%	99.90%	99.99%
数据完整性	>99%	95.80%	99.90%	99.20%
硬件开销	<30 台	50 台	20 台	25 台

结论:我们从表中数据得出,流式处理的时效性最好,但稳定性和完整性较差,且资源开销高;离线处理稳定性高、资源开销低,但时效性差;在兼顾 XDR 处理方式的时效性、稳定性、完整性等多个维度后,QC 小组选择混合处理方式。

2) XDR 处理方式的二级分级方案选择

XDR 处理方式的二级分级方案如图 1-35 所示。

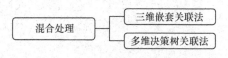

图 1-35 XDR 采集生成的二级分级方案

XDR 处理方式的二级分级方案有两种,即三维嵌套关联法和多维决策树关联法,选择依据为事件完整率、场景覆盖率、时延、接口关联率、方案有效率。QC 小组采用概率密度图分析不同场景下时延问题,通过拟合样本的取值落在某个时域内的概率评估这两种方案的优劣。

以衡量"时延率"为例,通过概率密度函数在这个区域上的积分,可以明显看到在 5G 注册、回落、接续等多个场景下,三维嵌套关联的时延都可以控制在 20ms 之内,而决策数关联方法的时延在 40~80ms,故优先选择三维嵌套关联法。

5 个维度的综合评估对比见表 1-31。

表 1-31 5 个维度的综合评估对比

选择依据	评估标准	三维嵌套关联法	多维决策树关联法
事件完整率	对于 5G 语音呼叫的注册、承载、接续、回落等；事件完整率＞99%	99.49%	98.61%
场景覆盖率	＞98%	99%	100%
时延	＜50ms	10ms	60ms
接口关联率	＞99%	99.30%	99.90%
方案有效率	XDR 合成支撑分析情况	支持	支持

结论：多维决策树关联法是比较有效的方案，且在场景覆盖率、接口关联率方面的表现也非常优异，但考虑事件完整率和时延，QC 小组选择三维嵌套关联法作为混合处理的算法模型统计。

接下来，QC 小组分别对 XDR 处理方式、数据存储、多域关联、切片分析逻辑和界面可视化进行了分级方案的评价选择。（略）

3. 确定的最佳方案

经过分级方案的两层选择，QC 小组成员确定了"基于多域切片的 5G 语音呼叫时延定界方案"的最佳方案，并用树图对最佳方案进行了整理。最佳方案如图 1-36 所示。

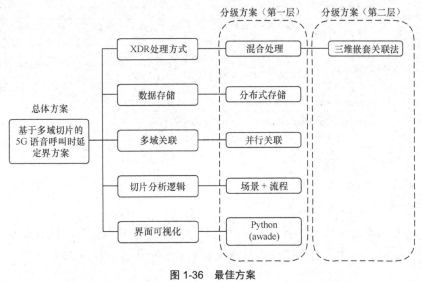

图 1-36 最佳方案

【案例三】提出方案并确定最佳方案

QC 小组根据中移在线浙江营销服务中心的需求，通过借鉴选择了课题，课题名称为《研究5G投诉数智化支撑新方法》，选择课题后，根据需求设定了课题目标，并做了目标可行性论证，下面是小组完成的"提出方案并确定最佳方案"的步骤。

1. 提出总体方案

QC 小组在借鉴期刊各模块基础诊断能力建设的基础上，结合实时录转和投诉关键信息提取，建设投诉信息校准能力、客户异常情绪识别提醒能力、终端侧异常检测能力和投诉位置信息自动获取能力，提出了5G投诉数智化支撑能力建设总体方案。

总体方案基本构成思路如图 1-37 所示。

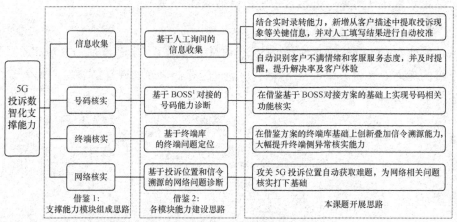

注：1. BOSS（Business&Operation Support System，业务运营支持系统）。

图 1-37　总体方案基本构成思路

总体方案创新能力介绍如下。

1) 信息收集

创新结合实时录转和投诉关键信息提取能力，实现投诉信息的自动校验；同时，建设客户不满情绪等服务隐患的识别和提醒能力，提升客户体验。

2）号码核实

QC小组借鉴基于BOSS对接的方案来实现。

3）终端核实

QC小组在终端库基础上创新叠加信令溯源能力来发现更多终端侧异常。

4）网络核实

QC小组攻关5G投诉位置自动获取难题，并结合信令溯源，实现网络问题的全面诊断。

2. 总体方案的细化及分级方案的选择

QC小组将总体方案细化展开，从信息收集、号码核实、终端核实和网络核实四大模块的5个维度进行选择设计并分解。总体方案的分级方案如图1-38所示。

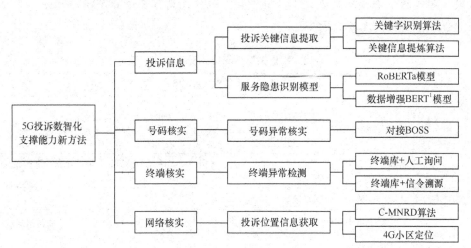

注：1. BERT（Bidiretional Encoder Representation from Transformers，来自变换器的双向编码器表征量）。

图1-38 总体方案与分级方案

随后，QC小组成员通过现场调研、同类产品横向对比方式，确定了各分级方案要满足的条件及相关技术指标，为各分级方案的选择提供依据。分级方案应满足的技术指标见表1-32。

QC 活动方法深入解析

表 1-32　分级方案应满足的技术指标

序号	分级方案名称	技术指标
1	投诉关键信息提取	1. 投诉关键信息提取时延<5s； 2. 投诉关键信息提取准确率>90%
2	服务隐患识别模型	1. 服务隐患识别准确率>90%
3	号码功能异常核实	1. 号码能力查询准确率>99%； 2. 号码能力查询时延<10s
4	终端异常检测	1. 终端异常信息查询准确率>99%； 2. 终端异常信息核实时延<10s
5	投诉位置信息获取	1. 定位时延<10s； 2. 定位准确率>95%

1）投诉关键信息提取

QC 小组成员采用实验对投诉关键信息提取的关键字识别算法和关键信息提炼算法两种备选方案进行了评估，最终选择关键信息提炼算法。投诉关键信息提取算法对比实验见表 1-33。

表 1-33　投诉关键信息提取算法对比实验

投诉关键信息提取算法选择			
备选方案	投诉关键信息提取 → 关键字识别算法 / 关键信息提炼算法	方案目标	1. 投诉关键信息提取时延<5 秒； 2. 投诉关键信息提取准确率>90%
实验方式	分别搭建 2 个方案试验模拟环境，选择 5 组相同样本进行关键信息提取，记录提取时延，并对提取结果进行人工核验		
方案名称	方案一：关键字识别算法	方案二：关键信息提炼算法	
方案描述	梳理投诉现象及时间可能涉及的关键字，建立关键字库，加以训练，以识别后续投诉录音文本中的关键信息	采用 AI 算法，结合上下文自动提炼投诉录音文本中的投诉现象和时间等关键信息	
方案图示	基于关键字库 根据人工经验梳理可能的关键信息表达方式 ↓ 实时录转 → 投诉关键信息提取 → 根据提取的关键信息对客服点选信息进行校验及纠错	实时录转 → 投诉关键信息提取 → 根据提取的关键信息对客服点选信息进行校验及纠错 基于AI算法 采用AI算法自动提炼投诉关键信息	

续表

	实验详细数据（部分）：				
组别	用户号码	方案一的关键信息提取是否准确	方案二的关键信息提取是否准确	方案一提取时延/ms	方案二提取时延/ms
第1组	188****7911	是	是	5.92	1.42
第1组	136****2189	否	是	5.3	1.05
第1组	131****6008	是	是	4.87	1.7
第1组	151****9744	是	是	6.72	0.96
第1组	159****7608	否	是	4.84	2.37
第1组	137****8243	是	是	6.19	0.69
第1组	136****4580	是	否	5.36	1.41
第1组	188****6155	是	是	6.41	2.02
第1组	152****9864	否	是	5.98	1.29
……	……	……	……	……	……
第5组	158****0792	是	是	5.57	1.2
第5组	158****9507	是	是	6.47	1.03
第5组	158****0792	是	是	4.55	0.52
第5组	150****8494	是	是	4.88	2.15

各实验组数据统计：

组别	实验总样本/个	方案一			方案二		
		关键信息提取准确量/个	提取准确率	平均识别时延/s	关键信息提取准确量/个	提取准确率	平均识别时延/s
第1组	1000	797	79.7%	5.2	917	91.7%	0.9
第2组	1012	739	73.0%	6.5	907	89.6%	1.9
第3组	978	685	70.0%	4.5	890	91.0%	2.2
第4组	865	692	80.0%	4.2	787	91.0%	1.5
第5组	1230	970	78.9%	6.1	1113	90.5%	0.9
总计	5085	3883	**76.4%**	**5.3**	4614	**90.7%**	**1.5**

试验数据

续表

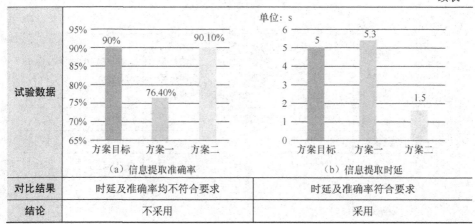

	(a) 信息提取准确率	(b) 信息提取时延
对比结果	时延及准确率均不符合要求	时延及准确率符合要求
结论	不采用	采用

2) 服务隐患识别模型

QC 小组提出了 RoBERTa 模型和结合数据增强技术的数据增强 BERT 模型两种解决方案，并进行模拟实验，结果显示：数据增强 BERT 模型识别准确率更高，故选择方案二。服务隐患识别模型对比试验见表 1-34。

表 1-34 服务隐患识别模型对比试验

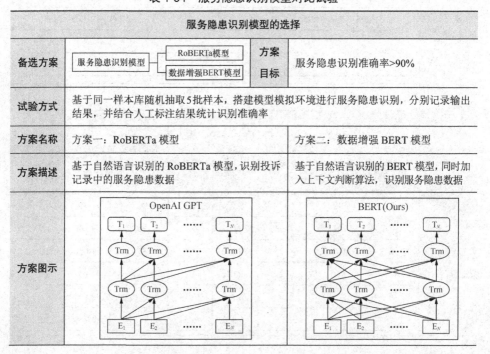

	服务隐患识别模型的选择	
备选方案	服务隐患识别模型—RoBERTa 模型／数据增强 BERT 模型	方案目标：服务隐患识别准确率>90%
试验方式	基于同一样本库随机抽取 5 批样本，搭建模型模拟环境进行服务隐患识别，分别记录输出结果，并结合人工标注结果统计识别准确率	
方案名称	方案一：RoBERTa 模型	方案二：数据增强 BERT 模型
方案描述	基于自然语言识别的 RoBERTa 模型，识别投诉记录中的服务隐患数据	基于自然语言识别的 BERT 模型，同时加入上下文判断算法，识别服务隐患数据
方案图示	OpenAI GPT	BERT(Ours)

续表

	现场测量详细数据（部分）：						
	批次	5G 投诉客户	隐患人工判断	方案一识别结果	方案二识别结果	方案一准确性	方案二准确性
试验数据	第1批	130****2807	是	是	是	是	是
	第1批	130****3168	否	是	否	否	是
	第1批	130****5454	否	否	否	是	是
	第1批	130****0370	是	否	否	否	否
	第1批	130****3313	否	否	否	是	是
	第1批	130****3369	否	否	否	是	是
	第1批	130****0006	否	是	否	否	是
	第1批	130****2299	是	否	是	否	是
	第1批	130****0841	否	否	否	是	是
	……	……	……	……	……	……	……
	第5批	130****8580	是	否	是	否	是
	第5批	130****4568	否	否	否	是	是
	第5批	130****7713	否	否	否	是	是
	第5批	130****0310	是	是	是	是	是

各实验组数据统计如下：

			方案一			方案二		
	批次	样本总量/个	识别隐患量/个	识别结果复核准确量/个	准确率	识别隐患量/个	识别结果复核准确量/个	准确率
试验数据	第1批	11690	559	447	80.00%	585	537	91.80%
	第2批	10674	587	483	82.30%	594	563	94.80%
	第3批	11609	546	443	81.10%	629	581	92.40%
	第4批	9680	405	330	81.50%	414	377	91.10%
	第5批	10991	490	402	82.00%	662	624	94.30%
	总计	54644	2587	2105	81.40%	2884	2682	93.00%

准确率如下：

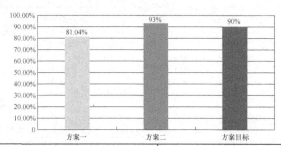

试验结果	识别准确率不符合要求	识别准确率符合要求
结论	不采用	采用

3) 号码功能异常核实

对于号码功能异常识别，QC 小组提出采用借鉴文献中对接 BOSS 的唯一方案来实现客户号码功能核实，虽然没有对比方案，QC 小组对方案的时延和准确率做了试验。号码功能异常核实方案评估见表 1-35。

表 1-35　号码功能异常核实方案评估

	号码功能异常核实方案评估				
备选方案	号码异常核实 → 对接BOSS		方案目标	1. 号码功能查询准确率>99%；2. 号码功能查询时延<10s	
试验方式	基于网络投诉平台与BOSS接口，编写接口调用代码实现对应号码能力信息查询，记录查询时延，并以手工查询接口为基准，对比统计接口查询的信息的准确率				
方案描述	通过对接 BOSS 查询 5G 客户的号码功能，即上网功能、签约速率、限速状态等功能，从而实现核实方案号码的异常				
试验数据	现场测量详细数据如下（部分）：				
	用户号码	号码信息查询是否准确	查询时延/ms	用户号码	号码信息查询是否准确	查询时延/ms
	188****7911	是	5.62	137****3688	是	3.42
	136****2189	是	5	150****1764	是	3.05
	131****6008	是	4.57	152****6357	是	3.7
	151****9744	是	6.42	139****9096	是	2.96
	159****7608	是	4.54	159****9010	是	4.37
	137****8243	是	5.89	136****5589	是	2.69
	136****4580	是	5.06	152****8492	是	3.41
	188****6155	是	6.11	136****0817	是	4.02
	152****9864	是	5.68	182****4689	是	3.29
	……	……	……	……	……	……
	158****0792	是	5.27	152****0245	是	3.2
	158****9507	是	6.17	187****9936	是	3.03
	158****0792	是	4.25	150****8339	是	2.52
	150****8494	是	4.58	183****6972	是	4.15

续表

试验数据	各实验组数据统计：				
	日期	5G投诉量/个	号码信息查询准确量/个	查询准确率	平均查询时延/s
	2020/4/13	532	532	100%	3.6
	2020/4/14	471	471	100%	4.5
	2020/4/15	495	495	100%	4.8
	2020/4/16	527	527	100%	4.3
	2020/4/17	460	460	100%	3.9
	2020/4/18	450	450	100%	4.2
	2020/4/19	517	517	100%	3.9
	总计	3452	3452	**100%**	**4.2**
试验结果	时延及准确率符合要求				
结论	采用				

4）终端异常检测

QC小组提出了终端库+人工询问和终端库+信令溯源两种方案，并通过开展试验对异常检测的准确率和时延进行对比，最终选择终端库+信令溯源方案。终端异常检测方案对比试验见表1-36。

表1-36 终端异常检测方案对比试验

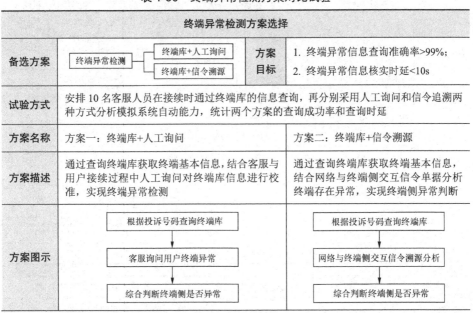

续表

	实验详细数据（部分）：					
			方案一		方案二	
	客服工号	用户号码	终端异常是否准确	查询时延/ms	终端异常是否准确	查询时延/ms
	KF100702563	152****2715	是	15.5	是	5.01
	KF100702563	137****5890	否	13.41	是	5.37
	KF100702563	198****5681	是	19.29	是	4.25
	KF100702563	183****0069	是	10.88	是	5.23
	KF100702563	138****1276	否	18.67	是	5.06
	KF100702563	159****2441	是	14.64	是	5.7
	……	……	……	23.22	……	4.23
	KF101004266	182****4689	是	21.27	是	4.16
	KF101004266	135****2878	是	6.66	是	5.59
	KF101004266	187****3565	是	11.29	是	5.81
试验数据	各组试验结果数据统计：					
			方案一		方案二	
	客服工号	5G投诉量/个	终端异常检测准确量/个	检测准确率	平均时延/s	终端异常检测准确量/个	检测准确率	平均时延/s
	KF100702563	403	318	78.9%	21.3	401	99.5%	4.6
	KF100902311	443	354	79.9%	31.3	439	99.1%	2.7
	KF120302157	374	269	71.9%	11.7	371	99.2%	2.1
	KF110302848	474	336	70.9%	21.0	472	99.6%	3.4
	KF140201018	422	295	69.9%	27.0	419	99.3%	3.0
	KFLY17048956	301	228	75.7%	40.3	300	99.7%	4.2
	KF120304104	470	376	80.0%	34.9	467	99.4%	3.8
	KFLY17048937	378	272	72.0%	32.5	377	99.7%	4.6
	KF090304219	365	262	71.8%	36.4	363	99.5%	4.8
	KF101004266	421	328	77.9%	21.3	417	99.0%	2.9
	总计	4051	3038	75.0%	27.5	4026	99.4%	3.5
试验结果	准确率和时延均未达到要求				准确率和时延均符合要求			
结论	不采用				采用			

第一章 创新型课题活动程序介绍

5) 投诉位置信息获取

投诉位置信息获取是网络覆盖、规划及性能信息关联查询的基础，故其准确性非常重要，QC 小组成员结合 4G 投诉处理经验及 5G 具体情况，提出了 C-MNRD 算法和 4G 小区定位两种备选方案，并通过模拟试验对两个方案进行评估，最终选择了 C-MNRD 算法。投诉位置信息获取方案对比试验见表 1-38。

表 1-38 投诉位置信息获取方案对比试验

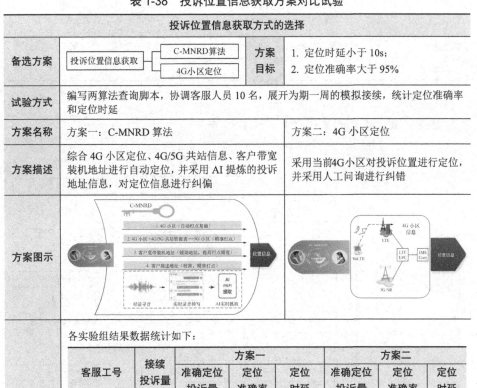

	投诉位置信息获取方式的选择		
备选方案	投诉位置信息获取 → C-MNRD算法 / 4G小区定位	方案目标	1. 定位时延小于 10s； 2. 定位准确率大于 95%
试验方式	编写两算法查询脚本，协调客服人员 10 名，展开为期一周的模拟接续，统计定位准确率和定位时延		
方案名称	方案一：C-MNRD 算法	方案二：4G 小区定位	
方案描述	综合 4G 小区定位、4G/5G 共站信息、客户带宽装机地址进行自动定位，并采用 AI 提炼的投诉地址信息，对定位信息进行纠偏	采用当前4G小区对投诉位置进行定位，并采用人工问询进行纠错	
方案图示	（C-MNRD 算法流程图）	（4G 小区定位示意图）	

各实验组结果数据统计如下：

客服工号	接续投诉量	方案一			方案二		
		准确定位投诉量	定位准确率	定位时延	准确定位投诉量	定位准确率	定位时延
KF120304104	315	307	97.50%	3.6	226	71.70%	5.1
KF101002600	350	338	96.60%	4	258	73.70%	5.7
KF121201992	364	349	95.90%	1.1	257	70.60%	6.4
KF090304219	322	315	97.80%	3.6	240	74.50%	5.3
KF130302329	357	345	96.60%	2.3	241	67.50%	7
KF120501716	385	374	97.10%	1.6	308	80.00%	6.1
KF101201818	385	369	95.80%	2.7	281	73.00%	6.4
KF111002337	364	355	97.50%	3.9	279	76.60%	6.2
KF120804066	350	337	96.30%	1.9	236	67.40%	5.4
KF101004266	378	367	97.10%	1.7	295	78.00%	6
总计	3570	3456	96.80%	2.6	2621	73.40%	6

续表

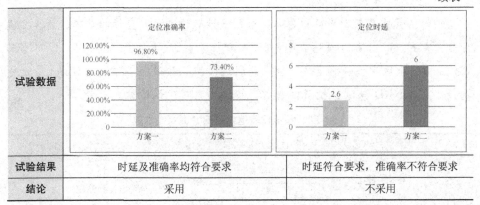

试验结果	时延及准确率均符合要求	时延符合要求，准确率不符合要求
结论	采用	不采用

6）确定最佳方案

综上，最终确定的最佳方案如图1-39所示。

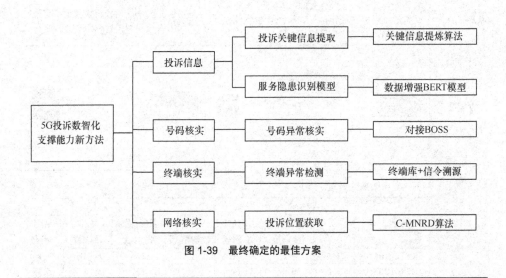

图1-39 最终确定的最佳方案

第四节 制定对策

确定最佳方案后，分级方案中最后一级方案，即具体方案要作为对策纳入对策表。创新型课题的对策表见表1-38。

第一章 创新型课题活动程序介绍

表 1-38 创新型课题的对策表

序号	对策 （What）	目标 （Why）	措施 （How）	负责人 （Who）	地点 （Where）	完成时间 （When）

制定对策的过程就是正确填写对策表，填写对策表要注意。

① 要将小组选择的最佳方案中分级方案的最后一级具体方案作为对策逐项填入对策表。

② 按照 5W1H 要求制定对策表，对策表中的目标应是每项对策所要达到的目标，即对策目标，而不是课题目标。目标要尽可能做到量化，不能量化的也要能检查，以便确认对策效果。

③ 措施是指每一项对策实施的具体做法，也是实现对策目标的基本保证，因此，要尽可能详细描述，且具有可操作性，以便为实施对策创造条件。

④ 对策表中的其他项（负责人、地点、完成时间）与问题解决型课题的要求相同。

下面用具体案例说明如何制定对策。

【案例一】制定对策

QC 小组根据选择的最佳方案如图 1-40 所示，将最佳方案中的具体方案作为对策纳入对策表，并根据要求制定了对策目标和对策实施的具体措施，对策表见表 1-39。

表 1-39 对策表

序号	对策 （What）	目标 （Why）	措施 （How）	地点 （Where）	完成时间 （When）	负责人 （Who）
1	采用三维嵌套关联法	已采集接口 XDR 数据完整率>99%	1. 5GC 网元部署采集探针将信令数据并送至采集平台； 2. EPC/IMS 必选网元部署采集探针将信令数据并送至采集平台； 3. 云资源池高性能虚机部署	西咸机房	2021年5月10日	杨晓锦
2	部署分布式存储	5G 呼叫 XDR 数据存储容量>60 亿条	1. 根据现网用户规模和应用模型测算 500 万用户规模下的资源需求； 2. 部署公用存储和存储压缩技术，并提升处理效率和可靠性	锦业路机房	2021年5月14日	王琦

续表

序号	对策 (What)	目标 (Why)	措施 (How)	地点 (Where)	完成时间 (When)	负责人 (Who)
3	实施并行关联策略	场景识别完整率>99%	1. 区域识别指导并行关联，避免无效的域间关联 2. 通过数据分区压缩测量和业务分表策略，提升关联效率和场景识别完整率	西咸机房	2021年5月20日	陈朝
4	采用基于场景+流程的切片分析逻辑	端到端切片定界准确率>98%	1. 构建基于4/5G网络语音互拨业务模型的5域4阶67时延切片体系； 2. 基于切片模型和典型5G呼叫流程的组合特征值辅助定界，提升定界准确性	西咸机房	2021年5月21日	刘璐
5	使用Python（awade）界面可视化工具	分段时延切片呈现完整率>98%	1. Awade部署多维组件库并适配时延分析需要； 2. 部署泳道图； 3. 泳道图和时延切片的关联呈现	西咸机房	2021年5月23日	王琦

【案例二】制定对策

QC小组完成分级方案的选择后，确定了最佳方案。

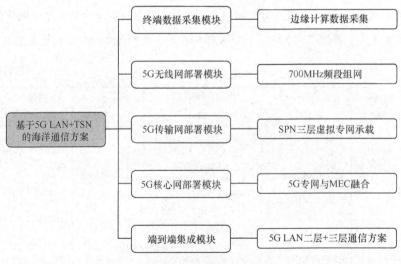

图1-40 对策的最佳方案

QC小组根据确定的最佳方案，按照5W1H要求，制定了对策表，最佳方案对策表见表 1-40。

表 1-40 对策表

序号	对策（What）	目标（Why）	措施（How）	责任人（Who）	地点（Where）	完成时间（When）
1	边缘计算数据采集	数据采集完整率≥99.99%	1. 部署能源监测、数据采集、航行监测等的传感器和摄像机； 2. 部署边缘服务器	XXX	珠海万山测试场	4月9日
2	700M 频段组网	网络时延≤35ms	1. 在珠海万山岛海域试验场新建 700MHz 宏站； 2. 进行 5G SA 组网； 3. 进行 UE 到基站的时延测试	XXX	珠海万山测试场	4月26日
3	SPN 三层虚拟专网承载	网络时延≤10ms	1. 实施客户端 SPN 设备接入工程； 2. 创建 SPN L3 到边缘的传输通道； 3. 打通 SPN 三层虚拟专网承载通道； 4. 对已创建的 SPN 传输通道进行业务时延测试	XXX	珠海万山测试场	5月6日
4	5G 专网与 MEC 融合	网络时延≤2ms	1. 采用正交实验选择切片最优参数配置； 2. 将专享 UPF 下沉至海岛机房； 3. 对 MEC 的业务处理时延进行分析、测试	XXX	珠海万山测试场	5月17日
5	5G LAN 二层+三层通信	失败率波动≤2%	1. 打通二层+三层通道，打造业务连续性 5G 专网； 2. 端到端系统集成； 3. 多次试验并统计失败次数； 4. 实施安全测试； 5. 评估整体通信情况	XXX	珠海万山测试场	6月10日

从以上两个案例可以看出，在制定对策这个步骤中，创新型课题的做法不同于问题解决型课题，创新型课题的对策是最佳方案中最后一级的分级方案，即具体方案，因此，不需要再进行对策的评价选择，问题解决型课题的对策是针对主要原因提出的对策，当提出两个以上对策时，需要进行对策评价，通过评价选择出最佳对策。

第五节　对策实施、效果检查、标准化、总结和下一步打算

一、对策实施

创新型课题的对策实施的具体要求和注意事项与问题解决型课题相同。在这一步骤中，按照已制定的对策表逐项实施，每项对策实施完成后，应检查相应目标的完成情况，确认对策的有效性。对策实施要注意以下3点。

① 在对策实施中要随时做好记录，为课题完成后整理成果报告提供依据。

② 在确认对策的实施效果中，要明确收集数据的时间、地点和条件，以便正确判断对策是否有效，收集数据的时间长度，可根据实际情况确定，但不宜过长。

③ 未达到对策目标，应修订措施，并按新措施实施。

二、效果检查

所有对策实施完成后，QC小组应进行效果检查，以确认设定的课题目标是否达成。创新性课题的效果检查是针对某一产品项目、技术工艺或方法，通过收集的客观数据，检查创新活动是否达到了课题目标，如果达到课题目标，说明QC小组取得了较好的活动成果，完成了此次的创新活动课题。如果未达到课题目标，要查找原因，确定是措施制定的问题还是对策方案的问题，必要时进行新一轮的PDCA循环。

创新型课题的效果检查，只检查课题目标是否实现，必要时可关注经济效益和社会效益，计算经济效益时要做到实事求是。

三、标准化

课题达到预期的目标，就要对创新成果进行标准化处理。创新型课题的"标准化"不等同于问题解决型课题的"制定巩固措施"，它们的区别在于以下几点。

1. 对象不同

问题解决型课题的"制定巩固措施"是将被实践证明有效的措施，纳入相应的规范，通常情况下，是对现有规范的补充和完善，即修改已有的规范。创新课题的"标准化"是将完成的创新成果编辑、整理成完整的标准化文件。

2. 要求不同

问题解决型课题的"制定巩固措施"要求将全部有效措施纳入标准，对创新型课题"标准化"的要求是，首先要评价成果是否有推广应用价值，然后再进行标准化处置。有推广应用价值的成果，要制作一套完整的标准化文件，如果是开发一个新的应用系统，就要编制一个完整的技术说明书。如果创新成果只是针对特定场景开展的创新活动，只为了一次性满足需求，不需要推广应用，就不需要制作标准化文件，只要把创新的过程归纳整理后存档即可。

进行标准化工作时，要对标准文件的内容描述清晰，文件内容应具体。推广应用的做法和申请专利的过程不能作为标准化内容。

【案例】标准化

1. 推广价值评价

QC 小组邀请运营商、公交集团等多个行业的技术专家对课题价值和推广意义进行评估。通过对比该成果在智慧公交领域和其他行业的应用情况，技术专家从部署效果、难度、成本 3 个维度进行评估打分，结果显示该成果具有显著的推广价值，可助力多行业场景实现降本增效。

2. 成果标准化

QC 小组将网络架构、技术指标、性能参数形成标准化方案指导手册，例如《5G自动驾驶行业系列手册——行业解决方案分册》，同时，梳理项目各类应用场景并编写《5G自动驾驶行业系列手册——典型案例分册》，为全国公交行业复制拓展提供了指导样本。

相关指导手册封面示意如图 1-41 所示。

图 1-41　相关指导手册封面示意

目前，该指导文件已经下发至全国，可快速复制应用于智慧机场——无人驾驶接驳车、智慧物流——快递无人车、智慧港口——自动引导车等领域，形成规模效应。

四、总结和下一步打算

QC 小组应对活动全过程进行总结，并提出今后的打算。包括以下两点：

① 从创新角度对专业技术、管理方法和小组成员素质等方面进行全面的回顾，总结小组活动的创新特色与不足。

这里要注意，创新型课题总结的内容与问题解决型课题相同，但视角不同。此外，QC 小组在总结中还可以将完成的创新成果的特色做简要的概括。

② 提出下一次活动课题。

QC 小组可结合实际，提出下一次活动的课题，不必受课题类型的限制。

总结 QC 小组活动是非常重要的步骤，通过认真总结活动会带给小组收获，让 QC 小组成员认识存在的不足，小组成员的综合素质会得到不断提高。因此，小组应结合实际的课题活动，实事求是地总结小组成员在专业技术、管理技术和综合素质等方面的收获和不足。

第二章

统计技术的基础知识

- 第一节　统计方法及其用途
- 第二节　统计数据及其分类
- 第三节　总体和样本
- 第四节　数据特征值
- 第五节　产品质量的波动
- 第六节　两类错误和风险

质量管理活动经常需要收集各种数据资料，并加以整理分析，需要适宜且正确地运用统计方法。本章简要阐述了统计方法的基本知识，以便QC小组成员能够了解并掌握统计方法的基本特性和用途，在QC活动中正确应用。

第一节 统计方法及其用途

一、统计技术、统计方法和统计工具

数理统计中常常提到统计技术、统计方法和统计工具这3个名词。这3种提法有其共性，即均是研究随机现象中确定的数字规律，但也有其各自的特点。

（一）统计技术

统计技术是以概率论为基础的应用数学的一个分支。统计技术是研究随机现象中存在的统计规律的学科，是指应用有关的统计方法，收集、整理、分析和解释统计数据，并对其所反映的问题的性质、程度和原因做出一定结论的科学技术。统计技术包括统计推断和统计控制两个内容。统计推断是指通过对样本数据的统计计算和分析，提供表示事物特征的数据，比较两个事物之间的差异，分析影响事物变化的原因，找出产品在生产过程中质量变化的规律，对总体质量水平进行推断，预测尚未发生的事件。统计控制是指通过对样本数据的统计计算和分析，采取措施，消除过程中的异常因素，以保证产品质量特性的分布基本保持在设定值附近，使生产过程达到稳定的受控状态。

（二）统计方法

统计方法是指统计技术中的具体方法，例如，控制图、直方图、散布图等。原则上应称控制图、直方图、散布图等为统计方法。统计方法一般分为描述性统计方法和推断性统计方法两类。

1）描述性统计方法

描述性统计方法是对统计数据进行整理和描述的方法。例如，一位教师计算一个班级的数学平均成绩、最高分与最低分的差距，就是描述性统计方法。描述性统计方法常用曲线、表格、图形等反映统计数据和描述观测结果，以使数据更加容易被理解。例如，排列图、直方图、柱状图、折线图等。

2）推断性统计方法

推断性统计方法是在对统计数据描述的基础上，进一步对其反映的问题进行分析、解释和做出推断性结论的方法。例如，一位教师计算一个班级的数学平均成绩、最高分与最低分的差距，如果该教师根据这个班级的数学平均成绩，去估算学习同样课程的整个年级5个班级的平均水平，则这种统计方法就属于推断性统计方法。例如，控制图、散布图、假设检验、抽样检查等，都属于推断性统计方法。

（三）统计工具

统计工具指简化的统计方法。统计技术的理论基础是概率论，但对这一理论，初级技术人员难以掌握，因此妨碍了统计技术的推广应用。为此，针对基层工人和初级技术人员的特点，质量管理专家开发了因果图、排列图、调查表、直方图、散布图、控制图和分层法，统称为"QC老七种工具"。随着QC的不断深入，20世纪70年代质量管理专家又开发出系统图、关联图、矩阵图、矢线图、KJ法、PDPC法和矩阵数据解析法，统称为"QC新七种工具"。所谓工具，是指不讲解统计方法的原理和设计，只针对统计结果的分析。

二、统计方法的应用

在质量管理活动过程中，统计方法一般有以下6个方面的用途。

1）描述质量问题

统计方法可以通过对已经获得的现有数据进行整理、分析，来描述当前的质量问题。

2）挖掘质量问题

在质量改进活动中，我们不仅要描述问题，还要找到引发问题的关键因素，统计方法可以通过对综合性数据的分层、分类整理，寻找引发质量问题的关键因素。

3）分析影响因素

在质量管理活动中使用应用统计方法，分析影响事物变化的各种原因，可以对症下药，有效地解决质量问题。

4）分析相关关系

在质量管理活动中，常常遇到两个甚至两个以上的变量之间虽然没有确定的函数关系，但往往存在着一定的相关关系。我们运用统计方法，可以确定这种关系的性质和程度。

5）确定试验方案

在质量改进过程中，为了找到参数的最佳值或参数间的最佳搭配，就需要进行试验。为缩短试验时间，减少试验次数，我们可以通过研究取样和试验组合，确定合理的试验方案。

6）计算特征数据

在质量管理活动中，我们收集的数据大都杂乱无章，这就需要运用统计方法计算其特征值，例如，平均值、中位数、标准偏差、方差、极差等，以显示事物的规律性。

统计方法在质量管理中起到的是归纳、分析问题的作用，是显示事物客观规律的作用，而不是具体解决质量问题的方法。这如同医生为病人诊断，医院的仪表器具只是帮助医生做出正确诊断的工具，诊断并不等于治疗。要想治好病，还应当采取有针对性的治疗方法。因此，统计方法在质量管理中的作用在于利用这些方法，探索质量症结所在，分析产生质量问题的原因，所以解决质量问题和提高产品质量还需要依靠专业技术和组织管理，实施有针对性的具体措施。

第二节　统计数据及其分类

在科学研究和生产实践中，我们经常遇到各种各样的数据，例如，员工人数、员工工资总额、产量、尺寸、重量、化学成分、硬度、纯度、强度、压力、温度、时间、耗电量、用水量、不合格品数、不合格品率、合格品数、合格品率等。这些统计数据，有些是可以测量出来的，有些是能够数出来的，有些是由两个数计算得出来的。从统计的角度来看，一般把上述各种统计数据归成两大类，即计量值数据（或称连续型数据）和计数值数据（或称离散型数据）。

一、计量值数据

计量值数据是指可以连续取值的数据，也称为连续型数据。一般是用量具、仪器进行测量获得，其特点是可以在某一范围内连续取值。在质量管理中，会遇到大量的计量值数据，例如，长度、体积、重量、温度、强度、时间、密度、电压、电流等质量特性的数据。以长度为例，1~2mm 可连续测出 1.1mm、1.2mm、1.3mm 等数值，1.1~1.2mm 可测出 1.11mm、1.12mm、1.13mm 等数值，以此类推，可连续取值的长度数据为计量值数据。计量值数据大多服从或近似服从正态分布。

二、计数值数据

计数值数据是指不能连续取值的，只能以个数计算的数据。且在有限的区间内只能取有限数值的数据，例如，到会的人数、客户投诉数、某天生产的产品件数、产品表面的缺陷数等。计数值数据是以正整数（自然数）的方式表现的。计数的方法可分为计点和计件两种。当单位产品的质量特征用缺陷品（不合格品）个数这种离散尺度衡量时，称为计点方法。例如，$1m^2$ 布上的疵点数、一个玻璃瓶上的气泡个数、一个铸件的气孔数等。计点值数据一般服从泊松分布。当把单位产品划分为合格品与不合格品，或者区分为一等品、二等品、三等品时，这种方法称为计件方法，例如，某产品的不合格品数、缺陷数等。计件值数据一般服从二项分布。

【链接小知识】

当数据以百分率表示时，判断它是计量数据还是计数数据，应取决于数据的计算公式的分子。当分子是计量数据时，则求得的百分率数据为计量数据；当分子是计数数据时，即使得到的百分率不是整数，它也应当属于计数数据。

第三节　总体和样本

一、总体

在统计问题中，所研究或统计分析对象的全体元素组成的集合称为总体。

总体具有完整性的内涵，是由某一相同性质的许多个别单位（元素或个体）组成的集合体。当总体内所含个体个数有限时，称为有限总体；当总体内所含个体个数无限时，称为无限总体。在统计工作中，可以根据产品的质量管理规程或实际工作的需要，选定总体的范围，例如，每个月或每几个月的调查数据都可视为一个总体。通常，总体的单位数用 N 来表示。

【链接小知识】

在质量控制中，对批量产品进行质量控制时，批量产品构成的总体一般属于有限总体；对某道工序或某个过程进行质量控制时，研究对象一般属于无限总体。

二、样本

总体的性质取决于其中各个个体的性质，要了解总体的性质，理论上必须对全部个体的性质进行测定，但这在实际活动中往往是不可能实现的。一是在多数情况下总体中的个体数目多；二是组成总体的个体数是无限的；三是有些产品质量的检测是破坏性的，不允许对总体逐一检测。基于总体的这种情况，在实际工作中只能从总体中抽取一定数量的、有代表性的个体组成样本，通过对样本数据的分析推断总体的情况。

来自总体的部分个体的集合，称为样本。从总体中抽取一定数量的、有代表性的个体组成样本的过程，称为抽样。样本中的每个个体称为样品。样本中所含样品的个数，称为样本容量或样本大小，若样本容量适当，并且抽样的代表性强，则通过样本检测得到的分布特征值，就能很好地代表总体的分布特征值。至于样本容量的大小，必须根据统计研究的目的、任务和研究对象的性质等确定。一般来说，当样本容量大于 30 个时，称为大样本。

三、抽样方法

常用的抽样方法为随机抽样，随机抽样可以分为简单随机抽样法、系统抽样法（等距抽样法或机械抽样法）、分层抽样（类型抽样法），以及整群抽样。下面简单介绍简单随机抽样和系统抽样。

（一）简单随机抽样

如果一个总体（批）中有 N 个不同的单位产品（或数据），通过逐个抽取的方法从中抽取一个样本，且每次抽取时每个个体在该次抽取中被抽到的概率相同，这样的抽样方法称为简单随机抽样。简单随机抽样法体现了抽样的客观性与公平性，且方法比较简单，成为其他较复杂抽样方法的基础。简单随机抽样常常用于总体个数较少时，它的主要特征是从总体中逐个抽取。

（二）系统抽样

系统抽样法又称为等距抽样法或机械抽样法。当总体的个体数较多时，可将整体均匀地分为几个部分，然后按照预先制定的规则，从每一部分抽取一个个体，得到所需的样本。系统抽样法操作简单，实施起来不易出错，因而在生产实践中常被使用。

四、总体和样本的关系

抽取样本、获取样本的信息不是目的，而是研究总体状况的一种手段。在质量管理中，常用这种对样本的分析结果去估计、预测、推断总体的统计方法，从而达到提高产品质量的目的。

总体和样本的关系如图 2-1 所示。总体可以是一批产品，也可以是一个过程，通过抽样获得样本，对样本进行全数测量、分析、整理，根据获得的样本数据得出结论，再用样本数据的结论来推断总体。

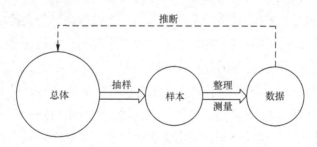

图 2-1　总体和样本的关系

如果产品特性值是计量数据，总体为正态分布，数量 N，集中位置（平均值）μ，分散程度（标准偏差）σ。而随机抽取出的样本同样呈正态分布，样本的数量 n，平均值 $\bar{x}$，标准偏差 S，因此一般用样本的统计特征数 $\bar{x}$、S

参与计算,用得出的结果来判断总体。计量值数据总体与样本的关系如图2-2所示。

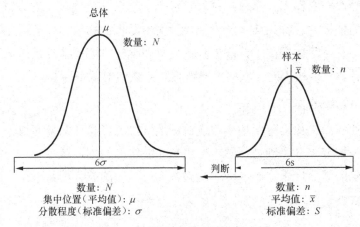

图2-2 计量值数据总体和样本的关系

第四节 数据特征值

一、数据特征值的概念

数据特征值是数据分布趋势的一种度量。数据特征值可以分为两类:一类是数据集中趋势的度量即位置特征值;另一类是数据离散程度的度量即离散特征值。通常情况下,总体的分布特征值一般很难得到,数理统计中往往通过样本的分布特征值来推断总体的分布特征值。

① 位置特征值一般是指平均值,它是分析计量值数据的基本指标。在测量中,所获得的检测数据都是分散的,必须通过平均值将数据集中,反映其共同趋向的平均水平,也就是说,平均值表达了数据的集中位置,所以对一组测定值而言,平均值具有代表性和典型性。位置特征值包括算术平均值、中位数、众数等。

② 离散特征值用以表示一组测定数据波动程度或离散性质,是表示一组测定值中各测定值相对于某一确定的数值而言的偏差程度。一般情况,是把各测

定值相对于平均值的差异作为出发点进行分析，常用的离散特征值有极差、方差、标准（偏）差等。

二、常用的几种统计特征值

（一）表示样本分布位置的特征值（样本分布中心）

1）算术平均值 $\bar{x}$

算术平均值的计算十分简单，它利用了全部样本数据的信息，具有极佳的数学性质，是实际应用中最为广泛的反映样本集中趋势的度量值。

将一组测定值相加求和，除以该组样本的容量（测定所得到的测定数据的个数），所得的商即为算术平均值。设有一组测定数据，用 x_1，x_2，…，x_n 表示。这组数据由 n 个数据组成，其算术平均值为：

$$\bar{x} = (x_1 + x_2 + \cdots + x_n)/n$$

或表示为：

$$\bar{x} = \frac{1}{n}\sum_{i=1}^{n} x_i$$

式中，n 为样本容量。

2）中位数 $\tilde{x}$

中位数也是表示数值分布集中位置的一种特征值。中位数的意义是将一批测量数据按大小顺序排列，居于中间位置的测量值即这批测量值的中位数。当测量值的个数 n 为奇数时，第 $(n+1)/2$ 项为中位数，当测量值的个数 n 为偶数时，位居中央的两数之算术平均值即为中位数。

3）众数

众数是一组测量数据中出现次数（频数）最多的那个数值。

【链接小知识】

算术平均值是使用最为广泛的反映数据集中位置的统计量，计算简单，但受极端值的影响较大，某个极端大值或极端小值都会影响均值的代表性；中位数不受极端值的影响，在某些场景，中位数比算术平均值更能代表一组数据的中心位置。当数据个数较多而且具有明显的集中趋势时，才有众数可言，众数不宜用于推断总体参数。

（二）表示样本数据离散性质的特征值

1）方差 S^2

方差是指各测量值与平均值的偏差平方之和除以测量值个数而得的结果。采用平方的方法可以消除正负号对差值的影响，方差的计算公式为：

$$S^2 = \frac{1}{n-1}\sum_{i=1}^{n}(x_i - \overline{x})^2$$

式中：

x_i：样本中每个测量值（变量）；

$(x_i - \overline{x})$：表示某一数据与样本平均值之间的偏差，也称为离差；

n：采集的样本个数即样本容量；

n–1：样本方差的自由度。

【链接小知识】

样本自由度，从物理角度可以理解为在有限的样本中，自由度等于样本总数减去处理这些样本时所外加的限制条件的数目。

此处，样本总数为 n，外加的限制条件是算术平均值 $\overline{x}$。如果已知（n–1）个样本值，再求出算术平均值 $\overline{x}$，则第 n 个样本值也就可以确定，因此，在第 n 个样本中真正独立的只有（n–1）个，上式在数学上是可以得到证明的。

2）标准差 S

标准差又称为"标准偏差"或"均方根差"，在描述测量值离散程度的各特征值中，标准差是一项重要的特征值，一般将平均值和标准差二者相结合，便能全面地表明一组测量值的分布情况。

标准差灵敏而客观地反映数据分布的离散程度，在统计推断、显著性检验、统计抽样检验、离群值的判断等数理统计工作中起着重要作用。标准差恒取正值，不取负值。标准差是有度量单位的特征值，标准差只与各测量值与平均值的离差大小有关，而与测量值本身大小无关。

标准差的计算公式为：

$$S = \sqrt{S^2} = \sqrt{\frac{1}{n-1}\sum_{i=1}^{n}(x_i - \overline{x})^2}$$

式中：

S：样本标准差；

x_i：样本中每个测量值（变量）；

$\bar{x}$：样本平均值；

$n-1$：样本自由度，n 为样本容量。

注：

① 样本标准差又称为实验标准差，有时可以简称为标准差，用英文字母 S 表示。

② 统计学上的自由度是指当以样本的统计量来估计总体的参数时，样本中独立或能自由变化的数据的个数，称为该统计量的自由度。可以理解为在有限的样本中，自由度等于样本总数减去处理这些样本时所外加的限制条件的数目。此处样本总数为 n，外加的限制条件是算术平均值 $\bar{x}$。

③ 从上式可以看出，要计算标准差 S，首先要计算方差 S^2，由上式可知，求和号中的离差 $(x_i - \bar{x})$ 可能是正，也可能是负，将这些差值简单地相加的结果，可能出现和为零，无法用来真实表示数据的分散程度。因此，通过方差求标准差就解决了这个问题。

3）样本的极差 R

极差是最简单最易了解的表示测量值离散性质的一个特征值。极差又称全距，即在一组测量数据中最大值 x_{max} 与最小值 x_{min} 之差：

$$R = x_{max} - x_{min}$$

第五节　产品质量的波动

在生产制造过程中，无论把环境和条件控制得多么严格，任何一个过程所生产出来的两件产品都是绝对不可能完全相同的。也就是说，任何一个过程所生产出来的产品，其质量特性值总是存在一定的差异，这种客观差异称为产品质量波动性。

一、质量因素的分类

影响质量的因素称为质量因素。质量因素可以做如下分类。

（一）按不同来源分类

① 人员（Man）：操作者的质量意识、个人素养、文化程度、技术经验与能力、执行力和身体健康状况等。

② 机器（Machine）：机器设备、工具的精度和维护保养状况。

③ 材料（Material）：材料的化学成分、物理性能和外观质量等。

④ 方法（Method）：加工工艺、操作规程和作业指导书的正确程度等。

⑤ 测量（Measurement）：测量设备、试验手段和测试方法等。

⑥ 环境（Environment）：工作场地的温度、湿度、含尘度、照明、噪声和震动等。

通常上述因素称为引起产品、服务质量波动的六大因素，简称"5M1E"（人、机、料、法、测、环）。国际质量标准 ISO9000 系列则分得更细，除了上述因素，还有计算机软件、辅助材料与水电公用设施等。

（二）按影响大小与作用性质分类

（1）偶然因素

偶然因素又称为随机因素，偶然因素具有 4 个特点。

① 影响微小。即对产品质量的影响微小。

② 始终存在。即只要开始生产，这些因素就始终在起作用。

③ 逐件不同。因为偶然因素是随机变化的，所以每件产品受到偶然因素的影响是不同的。

④ 难以去除。指在技术上有困难或在经济上不允许。

偶然因素的示例有很多，例如，机床开动时的轻微振动、原材料的微小差异、操作的微小差异等。

（2）异常因素

异常因素又称为系统因素。与上述偶然因素相对应，异常因素也具有 4 个特点。

① 影响较大。即对产品质量的影响大。

② 有时存在。就是说，它是某种原因导致的，不是在生产过程中始终存在的。

③ 一系列产品受到同一方向的影响。指加工件质量指标受到的影响变大或变小。

④ 不难除去。指这类因素在技术上不难识别和消除，在经济上也往往是允许的。

异常因素的示例也很多，例如，由于固定螺母松动造成机床的较大振动、刀具的严重磨损、违反规程的错误操作等。

二、质量波动性的分类

（一）正常波动

正常波动是由偶然因素引起的产品质量波动。这些偶然因素在生产过程中大量存在，对产品质量经常产生影响，但它所造成的质量特性值波动往往较小。例如，原材料的成分和性能上的微小差异、机器设备的轻微振动、温度或湿度的微小变化、操作方法、测量方法、检测仪器的微小差异等。要消除造成这些波动的偶然因素，在技术上难以达到，经济上也需要付出很大的代价。

因此，一般情况下，这些质量波动在生产过程中是允许存在的，我们称为正常波动。公差就是承认这种波动的产物。我们把仅有正常波动的生产过程称为处于统计控制状态，简称为控制状态或稳定状态。

（二）异常波动

异常因素引起产品质量的异常波动，也称为系统波动。这些异常因素在生产过程中并不是大量存在的，对产品质量也不会经常产生影响，一旦存在，它对产品质量的影响就比较显著。例如，原材料的质量不符合规定、机器设备带"病"运转、操作者违反操作规程、测量工具带有系统性误差等。这些原因引起的质量波动大小和作用方向一般具有一定的周期性或倾向性，因此，比较容易查明、预防和消除，并且异常波动对质量特性值的影响较大，一般来说，在生产过程中是不允许存在的。我们把有异常波动的生产过程称为处于非统计控制状态，简称失控状态或不稳定状态。

质量管理的一项重要工作，是要找出产品质量波动规律，把正常波动控制在合理范围内，消除偶然原因引起的异常波动，使生产过程始终处于受控状态（稳定状态）。

三、产品质量波动的规律性

在生产现场，当影响过程的因素都处于受控状态时，产品质量特性值在要求的范围内随机波动，且这一波动是有规律性的，该特性值如果是计量数据，则一般服从于正态分布。

正态分布曲线如图2-3所示，图中的曲线即正态分布曲线。正态分布曲线是由著名数学家高斯发明的，所以也称高斯曲线。正态分布受两个参数的影响，即集中位置μ和分散程度σ。

（一）集中位置 μ（平均值）

当集中位置 μ 往左偏移到 μ_1 时，正态分布图形跟着往左偏移；当集中位置往右偏移到 μ_2 时，正态分布图形就跟着往右偏移。集中位置变化影响正态图形位置变化如图 2-4 所示。

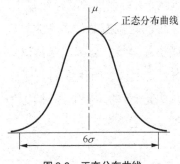

图 2-3 正态分布曲线

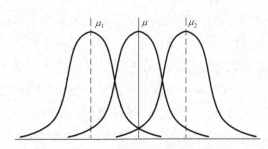

图 2-4 集中位置变化影响正态图形位置变化

（二）分散程度 σ（标准偏差）

当分散程度 σ_2 变小到 σ_1 时，正态分布图形会变瘦、变高；当分散程度 σ_2 变大到 σ_3 时，正态分布图形会变矮、变胖。分散程度变化影响正态图形变化如图 2-5 所示。

因此，我们对计量数据的质量特性值进行控制时，必须将其集中位置 μ 和分散程度 σ 两个参数一起控制。

计数数据中的计件数据服从离散型分布中的二项分布，而计数数据中的计点数据则服从离散型分布中的泊松分布。

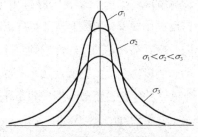

图 2-5 分散程度变化影响图形变化

第六节 两类错误和风险

在经济活动中，运用统计方法可以把错误和风险控制在期望范围内。下面做具体分析。

假设有一批数量很大的成品，其质量状况还不清楚，现在随机抽取其中的一个样本，通过检测，研究此样本的质量状况，以此来推断整批成品的质量，然后企业做出接收或是拒收产品的决定。上述做法可能发生以下 4 种情况。

① 假定这批成品的质量是好的。通过详细研究其中的一个样本，发现此样本的质量是好的，于是就推断这批成品质量好，决定将其接收。

② 假定这批成品的质量是好的。通过详细研究其中的一个样本，发现此样本的质量是坏的，于是就推断这批成品质量坏，决定将其拒收。

③ 假定这批成品的质量是坏的。通过详细研究其中的一个样本，发现此样本的质量是坏的，于是就推断这批成品质量坏，决定将其拒收。

④ 假定这批成品的质量是坏的。通过详细研究其中的一个样本，发现此样本的质量是好的，于是就推断这批成品质量好，决定将其接收。

上述 4 种情况，①和③两种情况的推断是正确的，因为它符合实际情况；而②和④两种情况的推断是错误的，因为它不符合实际情况。

对于第②种情况，我们犯了把质量好的一批成品当作质量坏的一批成品去看待、处理的错误，这类错误在统计方法中叫第Ⅰ类错误，称为"弃真"错误。犯这类错误的概率值一般用符号 α 表示。判断错误就要承担风险、承担经济损失，所以 α 又叫作第Ⅰ类错误的风险率。

对于第④种情况，我们犯了把质量坏的一批成品当作质量好的一批成品去看待、处理的错误，这类错误在统计方法中叫第Ⅱ类错误，称为"取伪"错误。犯这类错误的概率值一般用符号 β 表示，同样，犯这类错误也要承担风险、承担经济损失，所以 β 又叫作第Ⅱ类错误的风险率。

在一定的条件下，风险率 α 和风险率 β 是矛盾的，即此长彼消或此消彼长。但是，运用统计方法可以把这两者的总风险率和总损失控制在期望的范围内。

第三章

QC 常用的统计方法

- 第一节　箭条图法
- 第二节　PDPC 法
- 第三节　直方图
- 第四节　正交试验设计法
- 第五节　控制图
- 第六节　优选法
- 第七节　矩阵图

统计方法是 QC 小组活动的基础，也是活动必不可少的内容。正确地使用统计方法，准确客观地分析问题，才能体现 QC 活动的科学性。

中国质量协会在 2020 年发布的《质量管理小组活动准则》中，汇总了 QC 小组活动常用的统计方法。其中，12 种方法已经在《通信行业 QC 方法解析》一书中做了详细的介绍，本章重点讲述箭条图、PDPC 法、直方图、正交试验设计法、控制图、优选法和矩阵图。这些适宜通信行业运用的方法，本章将做详细的介绍，并结合实例讲解方法的运用步骤和注意事项，以帮助QC小组成员提高活动水平。

第一节　箭条图法

一、箭条图的概念与作用

在质量管理活动中，新产品研制计划、产品改进计划及计划的实施，以及企业其他有关管理活动，是离不开日程计划和进度管理的。在日程计划和进度管理方面，人们长期以来习惯采用甘特图，又称为线条图。甘特图虽有直观简单、明了、方便等优点，但不能反映整个工作的全貌和各项工作环节之间的复杂联系以及某项作业对整个系统的影响程度，从而不易找出关键所在。为弥补甘特图的不足，20 世纪 50 年代以后，人们提出了更有效的计划管理方法——箭条图。

（一）箭条图的基本概念

箭条图也称为矢线图、网络图，实质上是把一项任务（研制和管理）的工作过程，作为一个系统加以处理，将组成系统的各项任务细分为不同层次和不同阶段，按照任务的相互关联和先后顺序用矢线连接起来而构成的图形。箭条图可以弥补甘特图的不足，可将计划推行中所需各项作业的从属关系以最优化的方式表现出来。下面是建筑施工管理的具体示例，如果用甘特图计划管理见表 3-1。

表 3-1　甘特图计划管理

作业名	1	2	3	4	5	6	7	8	9	10	11	12
基础工程	━	━										
骨架装配			━	━	━	━						
外壁抹灰							━	━				
外壁饰									━			
内壁作业							━	━				
管系施工							━	━				
电线安装							━					
门窗安装							━	━	━			
内壁油漆									━	━		
内部安装										━	━	
检查交工												━

在甘特图表中，我们只能看到各项作业从什么时候开始和相对应工作到什么时候结束，并不能清晰地看出各项作业之间的关系，但箭条图能将各项作业的从属关系表现出来，箭条图如图 3-1 所示。

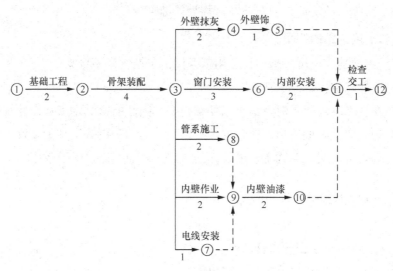

图 3-1　箭条图

每项工程或计划都是由许多作业行动组成的，作业之间都存在相互依赖、相互制约的关系。只有按照它们之间的客观规律进行组织和安排，才能使这些作业活动顺利、高效地进行。箭条图就是要将作业之间的相互关系正确地表示出来，并从系统的角度研究问题。

在箭条图中节点表示某项作业（或工序）应当开始或结束的符号，节点不消耗资源，也不占用时间。图中的矢线表示工程或计划进行中的各项作业，这是要消耗资源和时间的。一般将作业或工序的名称写在矢线上面，把完成作业所需要的时间写在矢线下面。矢线的长短与作业（工序）所需耗时长短无关，它不是矢量，不需要按比例画图，矢线可长、可短，但不能中断。

为了正确反映各个作业之间的逻辑关系，有时需要引进虚作业，即虚设的活动。虚作业不消耗资源，不占用时间，通常用虚矢线表示。虚作业的引进大致有两种情况：一种是为了正确表示各个活动之间的先后承接关系，必须引入虚活动；另一种是先后两个节点只能代表一项活动，当两个或两个以上的活动具有同一个始点和终点时，需要引入虚活动，予以区别。

箭条图从始点开始，顺着箭头方向到终点为止，中间由一系列首尾相连的节点和矢线所组成的通道称为路线（作业线）。一条路线上各项作业时间之和就是该路线所需的总工期。在一个箭条图上，完成一项任务可以有许多同时进行的路线，其中，耗时最长的路线通常称为关键路线。

（二）箭条图的作用

在日程计划及进度管理中，应用箭条图，可获得以下效果：
① 能够拟定出详细的计划；
② 在计划阶段容易对方案予以仔细推敲，因而能够制定出最佳计划；
③ 进入实施阶段以后，对情况的变化和计划的变更等也易于处置；
④ 因安排周密，明确了进度管理的重点，从而提高了管理效率。

二、箭条图的绘制与应用

（一）绘制箭条图的准备工作

在绘制箭条图前要做的准备工作如下。

1. 任务分解

任务分解是把一个计划项目的总任务用系统方法分解成一定数量的分任务，直到可以实施管理的子项目为止，并确定它们之间的先后承接关系。任务的分解可粗可细，主要根据工作的需要而定。

2. 计算作业时间

作业时间就是在一定的生产技术条件下，完成一项活动或一道工序所需的时间。确定作业时间大致有两种方法。

1）单一时间估计法

在估计各项活动的作业时间时，只确定一个时间值。估计时应参照过去从事同类活动的统计资料，务求确定的作业时间既符合实际情况，又具有先进性。

2）3种时间估计法

在估计各项活动的作业时间时，先估计出3个时间值，然后再求出完成该活动的作业时间。3个时间值分别如下：

- a—最乐观时间，即完成一项活动可能最短的时间；
- b—最保守时间，即完成一项活动可能最长的时间；
- m—最可能时间，即在正常条件下，完成该项活动可能性最大的时间。则经验估计作业时间=$(a+4m+b)/6$

例如，对某一项作业过程的时间估计 a 为4天，b 为8天，m 为6天，用3点估计法估算的作业时间为：$(4+4×6+8)/6=6$（天）

这样一种求作业时间的方法，可以看成是加权平均数法。

（二）箭条图作图步骤

1. 编制作业一览表

根据项目分解得出的子项目，编制作业一览表。

2. 确定作业顺序

按照技术上的要求和资源条件的许可，确定各个作业之间的先后次序，并由小到大进行编号。

3. 绘制箭条图

1）根据作业一览表和作业顺序绘制箭条图

用矢线"→"代表某项作业过程，例如 0→①、①→②等。矢线杆上方标出该项作业内容，下方标出该项作业所需的时间，作业时间单位通常以日或周表示。

2）绘制箭条图时节点与矢线的关系

① 进入某一节点的各项作业必须全部完成，该节点所表示的事件才能出现。

② 某一节点出现后，由该节点引出的各项作业才能开始。

3）两个节点之间只能有一项作业

当两个节点间有两项或两项以上可以平行进行的作业时，其他一项或几项则用虚矢线表示的虚拟作业来连接，说明两节点间存在着逻辑关系。

4）节点时间的计算（如果需要）

① 节点最早开始时间，从该节点开始的作业，若开始作业的时间不能早于这一天，就称为该节点的最早开始时间。

节点最早开始时间的计算方法是：从始点开始顺箭头方向到该节点的各条路线中，时间最长一条线路的时间。通常将节点最早开始时间填在方框表示。

② 节点最晚开始时间，从该节点开始的作业，若开始作业的时间不能晚于这一天，就称为该节点的最晚开始时间。

节点最晚开始时间的计算方法是：某节点上的最晚开工时间，是从终点逆箭头方向到该节点的各条路线中时间差最小的时间。通常将节点最晚开始时间填在三角形内表示。

③ 计算时差，时差是指在同一节点上最早开工时间与最晚开工时间之差。

5）找出关键路线

无时差的节点是关键工序，把所有的关键工序按照顺序连接，就是这项工程的关键路线，关键路线耗时最长。

箭条图在 QC 小组活动中通常用于对策实施的步骤，通过应用箭条图将实施中的各项作业做出合理的安排，以提高活动的效率。由于 QC 小组活动不同于大型项目，因此，绘制一张箭条图即可，也不必计算作业时间。而对于大型项目，通常要用计算机进行计划管理，这就需要计算作业时间，绘制网络图。网络图需要先按子系统分别绘制，然后将各接口间衔接而汇成总图。在作业实施过程中还要根据实际情况进行分析和调整。

箭条图应用实例：

某 QC 小组在"开发智慧培训模块，增加碎片化学习时间"的对策实施中应用箭条图对实施过程进行了时间优化，箭条图实施过程如图 3-2 所示。

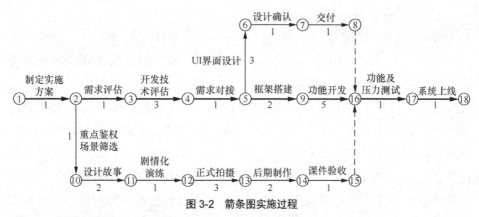

图 3-2　箭条图实施过程

说明：1. 由于作业数量少，没有进行作业时间的计算；
　　　2. 图中作业时间单位为天；
　　　3. 从图中可以看出，关键路线为①②③④⑤⑨⑯⑰⑱；
　　　4. 对策实施时间耗时 15 天。

第二节　PDPC 法

一、PDPC 法概念与作用

（一）PDPC 法概念

PDPC（Process Decision Program Chart，过程决策程序图）法，是为了研究开发（实施）目标，在制定计划或进行系统设计时，预测事先可以考虑的不理想事态或结果，运用预先准备的对策，把过程尽可能引向理想方向的方法。

为了达到目的和解决问题，人们总是希望计划的实施能够按照事先预计的情况顺利完成。但是，有时不一定按当初预想的那样发展，可能会出现因各种因素的变化导致无法估计到的事态发生，PDPC 法是针对上述情况，在为达到目标而制定的实施计划中尽可能考虑可能发生的各种结果，并提出相应的处置方案和采取预防措施，进而在事态发展中随时进行预测和修正，以引导事态向所希望的结果发展。综上所述，PDPC 法处理问题兼顾了预见性和随机应变性。

（二）PDPC 法的思路

PDPC 法的思路如图 3-3 所示。设目前的不合格率状态为 A_0，希望降低不合格率到 Z 状态。初步计划阶段，可考虑从 A_0 开始。到 Z 的过程是沿着 A_1、A_2、A_3、…、A_p 的路径。实际操作中，进展不会太过于理想化。召集有关人员研究后，认为实现 A_3 的技术难度较高，可考虑从 A_2 开始，经由 B_1、B_2、…、B_q 这条路径实施方案来达到状态 Z。如果上述两条路径均行不通，则可考虑 C_1、C_2、C_3…、C_r 或 C_1、C_2、C_3、D_1、D_2、…、D_s，等路径来达到状态 Z。不能只考虑一个途径，应预先考虑能提高达到目标可能性的其他许多途径和手段，以达到理想状态 Z，提高实现目标的可靠程度，确保最终实现目标。

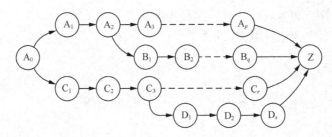

图 3-3　PDPC 法的思路

如上所述，PDPC 法是为实现研制目标（包括系统设计、实施等），预测实现目标过程中意外发生的事态，并尽可能把过程引向所希望发展的方向的一种方法。在过程发展中，若出现未曾预料的问题时，也可应用 PDPC 法来迅速进行"轨道修正"。对于随着事态的发展可以设想各种结果的问题，应用 PDPC 法找到达到所希望结果的过程。PDPC 法在防止重大事故中也有应用，故也称为重大事故预测图法。

PDPC 思维方法可分为两种，一种是顺向思维法，另一种是逆向思维法。

① 顺向思维法是制定好一个理想目标，然后按顺序考虑实现目标的手段和方法。为了能够稳步达到目标，需要设想更多的路线。总而言之，无论怎样做，一定要达到理想目标。

② 逆向思维是当 Z 为理想状态时，从 Z 出发，逆向而上，详细研究其过程做出决策，使其和初始状态 A_0 相连接。

第三章　QC 常用的统计方法

逆向思维应该考虑从理想状态开始，实现这个目标的前提是什么，为了满足这个前提又应该具备什么条件。一步一步逆向思维，一直退到出发点 A。

通过正反两个方面的连接，倒着走得通，顺着也可以走得通，这就是 PDPC 法正确的思考办法。

（三）PDPC 法的用途

1. PDPC 法与质量管理

在市场经济条件下，企业之间的竞争日益激烈。企业的日常活动较之过去更为多样化和复杂化，质量管理中遇到的问题也是如此。若像过去一样，按一般质量管理的方法先分析结果，然后再采取处置措施，有时恐怕来不及。或者即使确定问题时规定了具体做法，一旦环境发生变化也需要从头做起。PDPC 法从现实出发，预测可能出现的不良情况与结果，从而给出达到所希望结果的过程与方案。如果遇到了当初无法预测的情况或在进展过程中有新的问题出现，PDPC 法也能随机应变给出相应的措施。所以说，PDPC 法是在质量管理新时代推广全面质量管理的有效方法之一。

2. PDPC 法的优点

PDPC 法具有很多优点，主要有以下几点。

① 能从整体上掌握系统的动态并依此判断全局。

② 具有动态管理的特点。PDPC 法具有动态管理的特征，它是在运动的，而不像系统图是静止的。

③ 具有可追踪性。PDPC 法很灵活，它既可以从出发点追踪到最后的结果，也可以从最后的结果追踪中间发生的原因。

④ 能预测很少发生的重大事故，并在设计阶段预先就制定出应对事故的一系列措施和办法。

⑤ 使参与人员的构想、创意得以充分发挥。PDPC 法能够使参与人员充分发挥想象力和创意，进行方案设计，从而丰富 PDPC 法的方案种类，多途径地实现目标。

⑥ 提高目标的达成率。PDPC 法提供几种不用的方案设计，从而提高了目标的达成率。

掌握这些思考方法以后，所有的人都可以做到运筹帷幄。

3. PDPC 法的用途

PDPC 法的主要有以下几点用途：

① 制定目标管理中的实施计划；

② 制定落实项目的实施计划；

③ 对系统的重大事故进行预测并制定相应的措施；

④ 制定预防制造工序中出现不良因素的措施；

⑤ 提出或选择谈判过程中的对策。

二、PDPC 法的特征及作图步骤

（一）PDPC 法的特征

PDPC 法特征如下。

① 把系统的动向作为整体来掌握，不是作为局部来处理。因此，可以判断全局。具有查明在研究中有无重大漏洞或重大问题的特点。

② 能按时间序列掌握系统状态的变化情况。

③ 以系统的动向为中心掌握系统的输入和输出关系，可以列举出"不理想的状态"和系统动向一起寻求发生的原因，又可以从某个输入出发，依次追寻系统的动向，找出"不理想的状态"。

④ 只要对系统有一个基本的理解就可以运用自如。当情况变化和展开有许多方向时，常常可以指出还没有想到的基本问题，特别是可以处理好系统中人的因素和系统之间的复合干扰问题。

（二）PDPC 图的作法

一般情况下，PDPC 法可分为两种制作方法。

1）依次展开型

即一边进行问题解决作业，一边收集信息，一旦遇上新情况或新作业之前，即刻标示于图表上。

2）强制连结型

即在进行作业前，为达成目标，在所有过程中被认为有阻碍的因素事先提出，并且制订出对策或回避对策，将它标示于图表上。

PDPC 法的图形没有特定的规则，绘制方法上也没有特定的程序，需要结合具体问题灵活运用。大致可依下列顺序进行。

① 召集尽可能多方面的有关人员讨论所要解决的课题。这时，最好由领导先提出一系列实施项目作为初步解决方案，以便大家据此发表意见。

② 从自由讨论中选出需要研究的事项。

③ 所提出的研究事项准备实施时，还需要预测一下实施结果。如果无法实施或实施效果不佳，则应提出其他方案。

④ 将各研究事项按紧迫程度、工时、可能性、难易程度分类。进而对当前要着手进行的事项预测其结果，并据此确定各项实施的先后顺序，最后用箭头向理想状态连接。

⑤ 对于性质不同的内容，可以根据它们的相互关系决定优先顺序。某一路径上所获得的信息若对其他路径存在影响，则可用虚线将相关事项相连接。

⑥ 确定工程终了的预定日期。

按最初做出的 PDPC 图形予以具体实施时，若在某一阶段发生了意外情况，则应召集有关人员研究修正或补充原方案，或定期召集有关人员再对 PDPC 作进一步的修正或补充，甚至有时需要重新绘制 PDPC 图。

（三）PDPC 法的应用步骤

① 提出实现目标的实施方案，作为讨论的议题。

② 用"否定法"方式，对提出的方案逐项进行可行性分析，充分预测可能出现的问题，并提出相应的预案。

③ 确定预案后，按照基本图形的模式安排过程决策程序方案。

④ 在方案实施过程中，关注实施动态，必要时，及时调整方案，修订 PDPC 图，直至达到理想状态。

（四）PDPC 法应用示例

在 QC 小组活动中，通常将 PDPC 法用于对策实施中，本案例是 QC 小组在实施对策"开发线上余额变动查询模块"中的应用。

为保证开发过程顺利进行，开发前充分考虑可能发生的各种结果，同时做好相应的处置预案，并制作 PDPC 图。

开发线上余额变动查询模块 PDPC 图如图 3-4 所示。

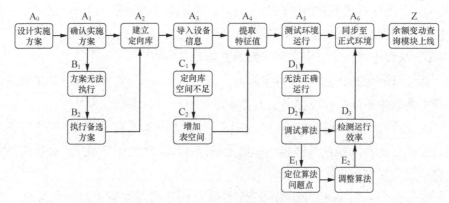

图 3-4　开发线上余额变动查询模块 PDPC 图

QC 小组在实施中实际路径为 $A_0 \to A_1 \to A_2 \to A_3 \to A_4 \to A_5 \to D_1 \to D_2 \to D_3 \to A_6 \to Z$。

第三节　直方图

一、直方图的概念及作图

（一）直方图的概念

直方图又称为频数分布图，是通过对测定或收集来的质量特性的数据加以整理，将数据的分布情况用图形直观地表示，根据数据的分布形态判断和预测生产过程质量的一种常用的统计方法。

在生产实践中，尽管收集的各种数据含义不同、种类有区别，但数据都具有一个基本特征：毫无例外地都具有分散性，即数据之间参差不齐。以信息通信行业为例，反映通信质量特征的数据总是有波动的。对于同一种通信产品（服务）来说，无论怎样严格控制质量特性，数据绝不可能是相同的，随着各种条件的变化，质量特性值也在波动，经过对波动的质量特征的数据仔细观察或适当整理，我们可以看出这些数据并不是杂乱无章的，而是呈现出一定的规律性。要找出数据的这种规律性，最好的办法就是通过整理数据做出直方图，通过直方图可以了解产品质量的分布状况、平均水平和分散程度。这有利于我们判断生产（服务）过程是否稳定和正常，分析产生质量问题的原因，有针对性地提出提高质量的改进措施。

（二）直方图的作图

直方图的基本图形为直角坐标系下若干依照顺序排列的矩形，各矩形底边相等称为数据区间，矩形的高为数据落入各相应区间的频数。作图方法大体分为以下几步。

1. 收集数据

收集数据就是随机抽取至少 50 个（最好 100 个）以上的质量特性数据，数据越多，做直方图效果越好。例如，收集的某产品的质量特性实测数据见表 3-2，其样本量为 100。

表 3-2　质量特性实测数据

43	28	27	26	33	29	18	24	32	14
34	22	30	29	22	24	22	28	**48**	1
24	29	35	36	30	34	14	42	38	6
28	32	22	25	36	39	24	18	28	16
38	36	21	20	26	20	18	8	12	37
40	28	28	12	30	31	30	26	28	47
42	32	34	20	28	34	20	24	27	24
29	18	21	46	14	10	21	22	34	22
28	28	20	38	12	32	19	30	28	19
30	20	24	35	20	28	24	24	32	40

注：公差为 0～50。

2. 找出数据中的最大值、最小值并计算极差值

数据中的最大值用 x_{max} 表示，最小值用 x_{min} 表示，极差用 R 表示。在表 3-2 中，$x_{max}=48$，$x_{min}=1$，$R=48-1=47$。

3. 确定组数和组距

组数一般用 k 表示，组距一般用 h 表示。根据收集的数据量进行分组，分组数可参考直方图分组，见表 3-3。

表 3-3　直方图分组

数据量/个	分组数 k
50～100	7
101～200	8

续表

数据量/个	分组数 k
201~500	9
501~1000	10
1000 以上	11~20

参考表 3-3，本例 $k=7$。

组距就是组与组之间的间隔，等于极差除以组数，即：

$$h = \frac{x_{\max} - x_{\min}}{k} = 47/7 = 6.714$$

为了方便计算和作图，最好使组距 h 为整数，此例可以取 $h=7$。

4. 确定组限值

组的上、下界限值称为组限值。由全部数据的下端开始，每加一次组距就可以构成一个组的界限。第一组的上限值就是第二组的下限值，第二组的下限值加上组距就是第二组的上限值。在划分组限前，必须明确端点的归属。故在决定组限前，只要比原始数据中的有效数字的位数多取一位，则不存在端点数据的归属问题。本例最小值为 1，则第一组的组限值应该为（0.5，7.5），以后每组的组限值以此类推。

5. 计算各组的组中值

组中值是处于各组中心位置的数值，其计算公式为：

组中值=（组下限+组上限）/2。例如，第一组的组中值为（0.5+7.5）/2=4，以此类推，如果没有特殊的要求，可以不计算组中值。

6. 统计各组频数

频数是实测数据中分布在各组中的个数。频数分布统计结果见表 3-4。

表 3-4 频数分布统计结果

组号	组界	组中值	频数
1	0.5~7.5	4	2
2	7.5~14.5	11	8
3	14.5~21.5	18	17
4	21.5~28.5	25	33
5	28.5~35.5	32	24
6	35.5~42.5	39	12
7	42.5~49.5	46	4

7. 计算平均值和标准差（见第二章）

8. 汇总作图所需的相关数据

相关数据见表 3-5。

表 3-5 相关数据

最大值	最小值	极差	组数	组距	平均值	标准差
48	1	47	7	7	26.79	8.95

9. 画直方图

先画出直角坐标，在横坐标上根据组数将最小值至最大值均分，作为长方形的宽，根据频数分布表中的频数画出每个长方形的高，最后在图中标出相关数据，直方图的作图方法如图 3-5 所示。

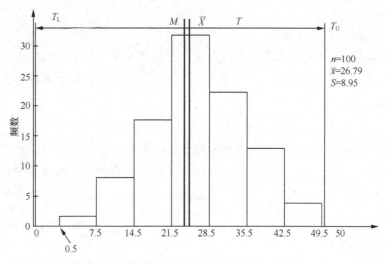

图 3-5 直方图的作图方法

二、直方图的观察分析

（一）直方图的几种典型形状

直方图能比较形象、直观、清晰地反映产品质量的分布情况，观察直方图时，应该着眼于整个图形的形态，根据形状判断它是正常型还是异常型，如果是异常型，还要进一步判断它是哪种异常类型，以便分析原因，采取措施。常见的直方图形状大体有 6 种，直方图的典型形状如图 3-6 所示。

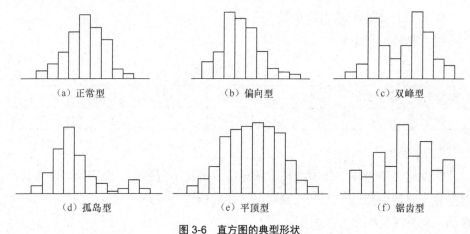

图 3-6　直方图的典型形状

1. 正常型

正常型直方图是中间高、两边低、左右基本对称，符合正态分布。这是从稳定正常的工序中得到的数据做成的直方图，这说明过程处于稳定状态，即统计控制状态。

2. 偏向型

偏向型直方图又分为左偏型和右偏型。一些有单侧标准要求或加工习惯的特性值分布往往呈偏向型。在产品质量较差时，为得到符合标准的产品，需要进行全数检验来剔除不合格产品。当用剔除了不合格产品后的产品数据做直方图时，也会呈现这种类型。

3. 双峰型

双峰型直方图中出现了两个峰谷，这是数据来自不同的总体所造成的，例如从不同设备上收集的数据混在一起。

4. 孤岛型

孤岛型直方图旁边有孤立的"小岛"出现，这是异常原因导致数据的异常波动造成的。例如，不熟练人员在短期间替班、工作人员操作失误、测量仪器出现系统偏差等原因，容易出现这种情况。

5. 平顶型

平顶型直方图没有突出的顶峰，顶部近乎平顶，这可能是由于多种分布混在一起,或所测量的质量指标在某个区间中均匀变化等。

6. 锯齿型

锯齿型直方图出现凸凹不平的形状,这多数是因为测量方法或读数存在问题,也可能是做图时数据分组不当引起的。

(二)直方图与标准界限比较

6 种直方图与标准界限对比如图 3-7 所示。

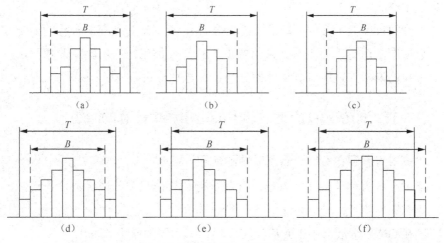

图 3-7　6 种直方图与标准界限对比

① 直方图的分布范围 B 位于标准范围 T 内且略有余量,直方图的分布中心(平均值)与标准中心近似重合,这是一种理想的直方图。此时,全部产品合格,工序处于控制状态,如图 3-7(a)所示。

② 直方图的分布范围 B 虽然也位于标准范围 T 内,且也是略有余量,但是分布中心偏移标准中心。此时,如果工序状态稍有变化,就可能出现不合格品。因此,需要采取措施,使分布中心尽量与标准中心重合,如图 3-7(b)和(c)所示。

③ 直方图的分布范围 B 位于标准范围 T 之内,中心也重合,但是完全没有余量,此时平均值稍有偏移便会出现不合格品,应及时采取措施减少分散,如图 3-7(d)所示。

④ 直方图的分布范围 B 偏离标准范围 T 中心,过分地偏离标准范围,已明显看出超差。此时应该调整分布中心,使其接近标准中心,如图 3-7(e)所示。

⑤ 直方图的分布范围 B 超出标准范围 T，两边产生了超差。此时已出现不合格品，应该采取技术措施，提高加工精度，缩小产品质量分散。如属标准定得不合理，又为质量要求所允许，可以放宽标准范围，以减少经济损失，如图 3-7（f）所示。

另外，还可能有一种情况，直方图的分布范围 B 位于标准范围 T 之内，且中心重合，但是如果两者相差太多，也不是很适宜。此时，可以缩小标准范围，以降低生产成本。

直方图可以显示数据波动的形态（分布），直观地传达有关过程的情况和信息。直方图法适用于对大量计量值数据进行整理加工，找出其统计规律，分析数据分布的形态，以便对其总体的分布特征进行分析。

三、直方图在 QC 小组活动中的应用和要注意的问题

（一）直方图在 QC 小组活动中的应用

直方图计算和绘图比较方便，既能准确计算出相关的质量特征数，例如，平均值、标准差等，又能通过图形直观地显示质量（数据）的分布情况，因此，直方图在 QC 小组活动中得到广泛的应用，其主要的作用如下。

1. 两组数据的比较

在 QC 小组活动中，无论是哪种类型的课题，都可能会遇到两个解决方案的比较，特别是信息通信行业的方案通常都是需要通过收集大量的实验数据做对比，直方图可以达到对比的目的。

2. 检查对策实施的效果

当有些对策实施的效果要通过收集大量的数据来确认时，可以应用直方图。

（二）应用直方图要注意的问题

① 直方图的数据量最好达到 100 个。当数据量小于 50 的时候，做出的直方图的差异较大，容易造成误判。

② 直方图要在稳定的状态下绘制，且要在同一总体上获取数据，否则做出的直方图不是正常型直方图。

③ 做直方图要有数据表做依据。

④ 只有对正常型直方图进行分析，才有分析的意义。

⑤ QC 小组活动中应用直方图时，要充分考虑其适宜性。

第四节　正交试验设计法

一、正交试验设计的基本概念

正交试验设计是指研究多因素多水平的一种试验设计方法。在科学研究和生产实践中，经常要做许多试验。例如，在科研攻关、产品技术革新等项目的研究中，所考察的指标一般是受多个因素影响的，我们要通过试验来选择各个因素的最佳试验状态，就存在着如何安排试验和如何分析试验结果的问题，做全面试验固然能得到最好的结果，但当因素和水平都比较多时，做全面试验从人力、物力、财力及时间等方面的投入来看是不现实的。

因此，如果选择其中一部分试验，就能相当好地反映全面搭配可能出现的各种情况，以便从中选出较好的试验方案，这正是试验设计所研究的范畴。试验设计是以概率论和数理统计为理论基础，科学地安排多因素试验的一类实用性很强的数学方法。试验设计是数理统计学中的一个很大的分支，研究的主要内容是如何合理地安排试验以使试验次数尽可能少，并能正确地分析试验数据。

试验设计技术最早是由英国费歇尔（R.A. Fisher）等人在 20 世纪 20 年代提出的，并首先将其应用于农业试验。后来，这种技术又被应用于生物学、遗传学等方面。1935 年，他出版了专著——《试验设计》，从而开创了一门新的学科。20 世纪 50 年代，以日本统计学家田口玄一为首的研究人员，将试验设计方法应用于改进产品和系统的质量，并研究开发出正交试验设计技术，成为质量管理的重要工具之一。

正交试验设计的主要工具是正交表，试验者可根据试验的因素数、因素的水平[①]数以及是否具有交互作用等需求查找相应的正交表，再依托正交表的正交性从全面试验中挑选出部分有代表性的点进行试验，可以实现以最少的试验次数达到与大量全面试验等效的结果，因此，应用正交表设计试验是一种高效、快速而经济的多因素试验设计方法。

注：① 水平也称为位级。

为了让正交试验设计广泛应用于我国工农业及其他领域，我国的数学家们充分考虑因素间的交互作用，对正交表进行了创新，使分析尽可能简单化。20世纪70年代以来，正交表在我国工业企业、农业等领域进行了普遍的推广，在冶金、化工、电子、医药、纺织、机械等行业也获得广泛的应用，并取得显著的成效。为了方便正交试验设计法在 QC 小组活动中的推广和应用，本书以中国的正交表为基础，介绍单指标正交试验设计。

这里主要介绍试验设计中用到的一些基本概念。

（一）试验指标

试验中用来衡量试验条件优劣的特性（可以是质量特性也可以是产量特性或其他）称为试验指标，它是一个随机变量，为了方便起见，常用 x 表示。能够用数量表示的为定量指标，例如尺寸、合格品率等，不能用数量表示的为定性指标，例如颜色、光泽等。

（二）因素

将试验中要加以考察而改变状态的因子称为因素。一类是可控因素，指在设计、制造和优化中可以控制的因素，例如，时间、温度、重量、电路中电阻的欧姆值，对于通信行业而言，这类可控因素很多，选择的范围也很广泛，这些因素又称为设计变量，常用 A、B、C 等大写英文字母表示。另一类是不可控因素，它们对产品质量特性有影响，而在设计中难以控制，例如，使用条件、操作人员、环境因素（温度、湿度等）、工作对象等。在正交试验中通常只选取可控因素参加试验过程。

（三）水平（位级）

因素在试验中所处的状态和条件的变化可能引起指标的变动，把因素变化的各种状态和条件称为因素的水平，又称为位级。一个因素往往要考察几个水平，例如，采用不同的淬火温度、不同的强度等。如果一个因素在试验中取 k 个不同状态值，就称该因素有 k 个不同水平，因素 A 的水平常用 A_1、A_2，…，A_k 表示。

（四）正交试验设计

正交试验设计是利用一套现成的规格化的表——正交表来安排多因素试验，并对试验结果进行统计分析，找出最优（或较优）试验方案的一种科学方法。具体来说，正交试验设计能明确体现下面几个问题。

① 因素的主次。即各因素对所考察指标的影响大小顺序。
② 因素与指标的关系。即每个因素各水平不同时，指标是怎样变化的。
③ 什么是较好的生产条件或工艺条件。
④ 进一步试验的方向。

二、正交表的格式及特征

（一）正交表的格式

正交表是一个已经制作好的规格化的表，是正交试验设计的基本工具，它给出了各种因素和水平代表性很强的试验组合。正交表可用于安排因素较多、周期较长和多指标的试验。

我们以最常见的 $L_9(3^4)$ 为例来认识正交表，$L_9(3^4)$ 见表 3-6。

表 3-6 $L_9(3^4)$

试验号 \ 列号	1	2	3	4
1	1	1	3	2
2	2	1	1	1
3	3	1	2	3
4	1	2	2	1
5	2	2	3	2
6	3	2	1	2
7	1	3	1	3
8	2	3	2	2
9	3	3	3	1

正交表记号含义如图 3-8 所示。

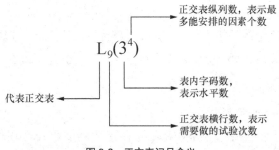

图 3-8 正交表记号含义

$L_9(3^4)$ 的含义为作 9 次试验，最多可以安排 4 个因素，每个因素分为 3 个水平。常见的正交表有 $L_4(2^3)$、$L_8(2^7)$、$L_{27}(3^{13})$、$L_8(4^1 \times 2^4)$ 等。其中，$L_8(4^1 \times 2^4)$ 表示可以安排水平不等的正交试验设计的正交表，可安排 1 个 4 水平的因素和 4 个 2 水平的因素，试验次数为 8 次，这类正交表也称为混合水平的正交表。

（二）正交表的特点

从表 $L_9(3^4)$ 可以看出，正交表之所以称为"正交"，是因为它具有以下两个特点。

① 表中各列出现的数字个数相同，每一纵列中，1、2、3 这 3 个字码分别出现了 3 次。

② 表中任意两列并在一起形成若干数字对，不同的数字对的个数相同。表中任意两列形成 9 个有序字码对：（1、1）（1、2）（1、3）（2、1）（2、2）（2、3）（3、1）（3、2）（3、3），且各出现 1 次，即任意两个纵列的 1、2、3 这 3 个字码之间的搭配是均衡的。

除了上述 $L_9(3^4)$ 正交表，常用到的正交表 $L_4(2^3)$、$L_8(2^7)$、$L_{27}(3^{13})$、$L_8(4^1 \times 2^4)$ 等也都具有以上两个特点。因此，概括起来正交表具有以下特点。

① 均衡分散性，是指正交表中不同因素之间的水平搭配均匀。

② 整齐可比性，是指各个因素的水平因搭配均匀而可以直接对比。

正交表所显示的均衡分散性和整齐可比性两个特点称为正交表的正交性，依据这两个特点，通过巧妙安排少数几次试验，即能使每个因素的作用独立显示，从而为选择最佳试验条件提供依据。

三、用正交表安排试验

正交试验设计的任务之一是用正交表确定试验方案。如何用正交表安排试验，下面通过一个示例说明。

某通信运营企业的网络优化部门，要通过优化网络提高 5G 接入成功率。为了节约经济和时间成本，网络优化人员通过正交试验设计法优选最优接入参数组合。

（一）试验方案的设计

1. 明确目的、确定指标

试验目的是提高 5G 接入成功率。试验指标是接入成功率大于 90%。

第三章 QC 常用的统计方法

2. 制定因素位级表

在试验前根据网络的实际情况选定 4 个参数进行正交试验。A：AAU 发射功率，B：随机接入定时器 T304，C：选择 SSB 的 RSRP 门限，D：前导最大传输次数。参数和相应的取值区间见表 3-7。

表 3-7 参数和相应的取值区间

序号	参数名称	含义	取值区间
1	AAU 发射功率	决定了下行信号的电平值，需要根据站距设置。在极近场景可能导致电平饱和，在拉远场景可能导致弱覆盖	根据设备能力，取值 0～300W，步长 100（dBm）
2	随机接入定时器 T304	当 UE 收到 RRC 重配置消息时，启动该定时器。当 UE 成功完成随机接入后，停止该定时器。当定时器超时后，终止随机接入过程，UE 接入失败	根据协议规范，取值 50、100、150、200、500、1000、2000、10000（ms）
3	选择 SSB 的 RSRP 门限	该参数表示选择 SSB 时的 RSRP 门限。该参数设置的越小，UE 选择的 SSB 的 RSRP 越低，接入成功的概率越低，但搜索到合适的 SSB 所用的时间越短，接入时延越小	根据现网状况，取值 0～127，步长 1（dBm）
4	前导最大传输次数	该参数设置的越大，UE 发生的前导被 gNodeB 正确接收的概率越大，当 UE 出现无线链路失效时，UE 等待执行的时延越大	根据协议规范，分别为 N3、N4、N5、N6、N7、N8、N10、N20、N50、N100、N200（次数）

对上述的每个因素都取 3 个水平，因素位级见表 3-8。

表 3-8 因素位级

位级	因素			
	AAU 发射功率	随机接入定时器 T304	选择 SSB 的 RSRP 门限	前导最大传输次数
	A	B	C	D
1	100	100	127	N5
2	200	200	120	N10
3	300	500	115	N20

在制定因素位级表时，必须挑选那些对指标影响较大，但又没有把握好的因素。因素位级的间隔要适当，在允许的范围内尽可能拉大差距。

3. 选择正交表

首先根据位级数的多少选择正交表的类型。因为本例 4 个因素有 3 个位级，所以选择位级相等的正交表。又因本例有 4 个因素，所以选择的正交表至少有 4

列。综上所述，在常见的正交表中选择 $L_9(3^4)$ 来设计试验方案。

4. 用选好的正交表安排试验

我们首先把 4 个因素分别放在 4 个纵列，每列放一个因素，然后采用对号入座的方法将实际位级填入正交表 $L_9(3^4)$ 中，试验方案设计见表 3-9。试验方案确定后，就可以进行试验了。试验的先后顺序可以改变，不必按表中的试验号进行，有条件的情况下，可以将各号试验同时进行，但各次试验的因素位级组合不能改变。每一个方案都会得出试验结果，将试验结果 5G 接入成功率填写在表中的最后一列。

表 3-9 试验方案设计

试验号	因素				5G 接入成功率
	AAU 发射功率 (A)	随机接入定时器 T304 (B)	选择 SSB 的 RSRP 门限 (C)	前导最大传输次数 (D)	
1	1（100W）	1（100ms）	3（115dB）	2（N10）	81.9%
2	2（200W）	1（100ms）	1（127dB）	1（N5）	88.6%
3	3（300W）	1（100ms）	2（120dB）	3（N20）	86.7%
4	1（100W）	2（200ms）	2（120dB）	1（N5）	81.6%
5	2（200W）	2（200ms）	3（115dB）	3（N20）	92.1%
6	3（300W）	2（200ms）	1（127dB）	2（N10）	85.3%
7	1（100W）	3（500ms）	1（127dB）	3（N20）	86.2%
8	2（200W）	3（500ms）	2（120dB）	2（N10）	91.4%
9	3（300W）	3（500ms）	3（115dB）	1（N5）	84.3%

（二）对试验结果进行分析

1. 试验结果的直观分析（看一看）

试验结果的直观分析就是比较正交表中 9 次试验当中最好的试验结果，本例考察的是 5G 接入成功率，第 5 号试验的结果为 92.1%，是 9 次试验当中最高的，这样就得到好条件（第 5 号实验的条件）：$A_2B_2C_3D_3$。但是，该试验条件只是这 9 次试验当中最好的，4 个因素各有 3 个位级，总共可以安排 81 次试验，通过直观比较只能找到这 9 次试验当中最好的试验条件，会不会有更好的试验条件就需要通过更详细的分析才能得出。

2. 试验结果的极差分析

极差分析是通过对各因素试验结果的计算，找到试验的好条件，同时，确定因素的极差，通过极差的大小来判断因素对指标的影响程度，即主次关系，其具体步骤如下。

1）计算各因素不同位级的指标和

本例中共安排了 9 次试验，每个因素在不同位级各做了 3 次试验，分别计算各因素的不同位级指标和。例如，对于因素 A_1 位级的指标和是第 1、4、7 号这 3 次试验的指标和，因为这 3 个试验都采用因素 A 的 1 位级进行试验，因素 B、C、D 的 3 个位级各参加了一次试验，所以得出：

$$Ⅰ=81.9+81.6+86.2=249.7$$

以此类推，得到：

$$Ⅱ=88.6+92.1+91.4=272.1$$

$$Ⅲ=86.7+85.3+84.3=256.3$$

计算各因素 3 个位级试验结果的极差。例如，因素 A 的 3 个位级的极差是因素 A 的 3 个位级在 3 次试验中最大值与最小值之差，即：

$$272.1-249.4=22.7$$

以此类推，试验的极差分析结果见表 3-10。

表 3-10 试验结果的极差分析

试验号	因素				5G 接入成功率
	AAU 发射功率 (A)	随机接入定时器 T304 (B)	选择 SSB 的 RSRP 门限 (C)	前导最大传输次数 (D)	
1	1（100W）	1（100ms）	3（115dB）	2（N10）	81.9%
2	2（200W）	1	1（127dB）	1（N5）	88.6%
3	3（300W）	1	2（120dB）	3（N20）	86.7%
4	1	2（200ms）	2	1	81.6%
5	2	2	3	3	92.1%
6	3	2	1	2	85.3%
7	1	3（500ms）	1	3	86.2%
8	2	3	2	2	91.4%
9	3	3	3	1	84.3%
Ⅰ=位级 1 之和	249.7	257.2	260.1	254.5	Ⅰ+Ⅱ+Ⅲ=778.1%
Ⅱ=位级 2 之和	272.1	259	259.7	258.6	
Ⅲ=位级 3 之和	256.3	261.9	258.3	265	
极差 R	22.7	4.7	1.7	10.5	

2）判断各因素的影响大小

极差 R 的大小可用来衡量试验中相应因素对指标作用的影响。极差 R 大的因素，意味它的 3 个位级对于考核指标所造成的影响大，是重要因素。极差 R 小的因素则往往是次要因素。本例中，根据极差 R 这一行数据可知，第 1 列最大，第 3 列最小。故，当因素 A 的位级发生变动时，指标波动最大；当因素 C 的位级发生变动时，指标波动最小。由此可以根据极差的大小顺序排出因素的主次：

$$\text{主} \longrightarrow \text{次}$$
$$A、D、B、C$$

可以看出，因素 A 最主要，其次是因素 D，而因素 B 和 C 不太重要，可根据取值较经济性和方便的程度选择相应的参数。

3）最佳试验条件的确定

本例中，只有一个考核指标，所以选取好的试验条件只需要考察各因素不同位级试验结果的指标值的大小。由 I、II、III 的含义可知，IA 表示在 $A1$ 位级下的 3 次试验的数据之和，在这 3 次试验中，B、C、D 这 3 个因素的"1""2""3"的位级皆各出现一次，因此，数据和 IA 反映了 3 次 A_1 位级及 B、C、D 的每个因素"1""2""3"位级各一次的影响。同样，IIA 反映了 3 次 $A2$ 位级及 B、C、D 每个因素的 3 个位级各一次的影响；IIIA 反映了 3 次 $A3$ 位级及 B、C、D 每个因素的 3 个位级各一次的影响。因此，可以认为 B、C、D 这 3 个因素对 IA、IIA、IIIA 的影响是大体上相同的，而 IA、IIA、IIIA 之间的差异可以看作由于 A 取了 3 个不同的位级造成的。于是，IA、IIA、IIIA 的数值可以从大体上反映因素 A 的"1""2""3"位级对接入成功率所影响的情况。

什么是较好的参数组合？从 I、II、III 的含义可知，各因素所在列的 I、II、III 的差异只反映该因素由于位级变动引起指标的波动，而不受其他因素位级变动的影响，所以把各因素的好位级简单相组合就是较好的参数组合。在本例中，A 因素选位级 2，B 因素选位级 3，C 因素选位级 1，D 因素选位级 3。综上所述，可以使 5G 接入成功率最高的参数组合是 $A_2B_3C_1D_3$。

需要指出的是，计算出来的好条件往往不包含在已做过的 9 次试验中，例如 $A_2B_3C_1D_3$ 不在这 9 次试验中。为了从"直接看"和"算一算"中得到两种不同的好条件中选择更优的参数组合，应该对两个好的试验条件进行对比试验。本例对比试验结果见表 3-11。

表 3-11 本例对比试验结果

试验条件	1	2	3	4	5	平均值
$A_2B_2C_3D_3$	92.3	91.1	91.5	91.7	91.4	91.6
$A_2B_3C_1D_3$	93.4	92.6	93.4	92.3	92.5	92.8

从对比试验结果看，计算的好条件的试验结果优于 9 次试验中的最好的结果（5 号试验）。

本案例的试验指标接入成功率大于 90%，用计算的好条件试验的指标达到了 92.8%，因此，参数可以确定为：A 为 AAU 发射功率取 200W；B 为随机接入定时器 T304 取 500ms；C 为选择 SSB 的 RSRP 门限取 127dbm；D 为前导最大传输次数取 20 次。

实际选取时，还应该区分各因素的主次，对于主要因素，一定要按有利于指标的要求选取最佳的位级，而对于不重要因素，则可以根据节约、方便等多方面的考虑任取一个位级。

如果试验的指标达不到考核指标，就要通过调整各因素的位级，寻求更好的结果。

4）画趋势图寻找调优的适宜条件

为了进一步提高指标，以每个因素的实际位级为横坐标，其试验结果总和为纵坐标，画出各因素的趋势图，各因素的趋势如图3-9所示。从趋势图上可以大致看出试验结果随位级变化的关系，为进一步试验提供了新的信息。

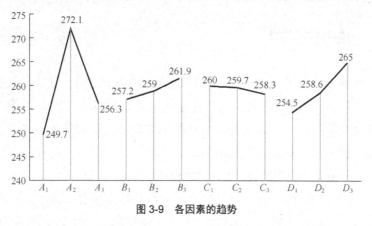

图 3-9 各因素的趋势

正交试验的极差分析法的一般步骤是：

① 定指标，定因素，选位级；
② 选用适当的正交表，设计表头，确定试验方案；
③ 严格按条件做试验，并记录试验结果；
④ 计算各列的同一位级的数据和确定算一算的好条件；
⑤ 计算各因素的极差 R，按极差大小排出因素的主次；
⑥ 根据算一算的好条件进行验证性试验；
⑦ 根据试验结果，参照各因素的极差确定较优或最优的好条件；
⑧ 如果试验结果达不到试验目标，要结合趋势图进行调优试验。

第五节 控制图

传统的质量检验是事后的质量保证，是不经济的质量保证。20世纪20年代，很多质量管理专家都在考虑如何改变这种状况，以预防不合格品的产生。美国的休哈特博士受到正态概率分布重要结论的启示，于1927年发明了控制图，为质量控制提供了有效工具。

控制图又称为质量管理图，是通过控制界限对生产过程进行分析和控制的一种重要方法，是在生产过程中分析产品质量是否稳定、有无异常原因的主要工具。控制图使用方便，效果显著，在质量管理中起着十分重要的作用。

一、控制图的原理

休哈特博士认为对100%的质量数据实施质量控制是不可能的，但根据概率的正态分布规律，在 $\mu \pm 3\sigma$ 范围内包含全部质量数据的99.73%，是绝大部分质量数据。如果能够将这绝大部分质量数据控制住，过程就基本上实现了受控。控制图就是基于这个结论而产生的。

现在把带有 $\mu \pm 3\sigma$ 线的正态分布曲线旋转一定的位置（即正态分布曲线向右旋转90°，再翻转180°），即得到了控制图的基本形式，再去掉正态分布的概率密度曲线，就得到了控制图的轮廓线。控制图轮廓线的演变过程如图3-10所示。

第三章 QC 常用的统计方法

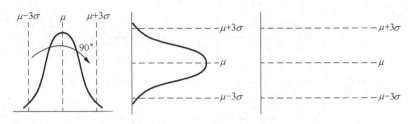

图 3-10 控制图轮廓线的演变过程

控制图是画有控制界限的一种图。在平面直角坐标系上取横坐标为样本组号或取样时间，取纵坐标为产品质量特性值，然后画 3 条平行直线（一般为等距）。

质量控制图示例如图 3-11 所示。

注：1. UCL（Upper Control Limit，控制上限）
2. CL（Control Line，中心线）
3. LCL（Lower Control Limit，控制下限）

图 3-11 质量控制图示例

质量控制图中的 3 条控制界限是判断生产过程中是否存在异常原因的依据，因此它们在平面上的位置以及相互之间的距离不是随意确定的，而是在生产过程中对某一个工序收集大量资料的基础上，用数理统计的原理按一定公式计算得出的。

在生产过程中定期抽取样本，把测得的被控制的质量特性值按取样时间顺序描绘在控制图上，如果这些点全部落在控制上限、控制下限内，而且点的排列没有缺陷即随机排列，则表明生产过程处于正常状态，否则就认为生产过程中存在异常情况，必须及时查找，予以消除。

在控制图中补加 $\mu\pm\sigma$、$\mu\pm2\sigma$ 这 4 条线，将控制图划分为 6 个区线，有利于分析控制图。控制图分区示意如图 3-12 所示。

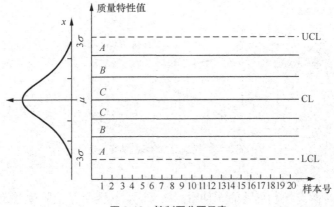

图 3-12 控制图分区示意

从图 3-12 中可以看出，控制图的 CL 表示产品质量特性值的平均值 μ；控制上限 UCL 为平均值 μ 加 3 倍标准差（即 $\mu+3\sigma$）；控制下限 LCL 为平均值减 3 倍标准差（即 $\mu-3\sigma$）。

根据 3σ 原则，在生产处于正常的情况下，应有 99.73% 的点（产品质量特性值所对应的点）落在（$\mu+3\sigma$，$\mu-3\sigma$）之内，即控制上限和控制下限之间，并且在中心线 CL 上、下随机排列，只有 0.27% 的点落在（$\mu+3\sigma$，$\mu-3\sigma$）之外，即控制上限和控制下限的外面。显然，点落在两条控制限外面的可能性是非常小的，属于小概率事件，在少量的观测中不可能出现，实际上在 100 次观测中出现的可能性不到 1 次。如果控制图上描出的点落在两条控制限之外，或者点虽然落在两条控制限之间，但排列存在缺陷，都认为生产过程处于异常状态，必须立即检查和处理。

关于控制界限的概念，需要注意以下两点。

① 控制图中的控制界限与标准界限是完全不同的两种概念，不可混为一谈。标准界限是产品设计的结果，属于技术、质量标准的范畴，是对产品作"合格"与"不合格"的符合性判断的依据。

控制界限是过程中质量数据的实际分布，是过程处于稳定受控状态时，质量数据所形成的典型分布的 $\mu\pm3\sigma$ 范围，是判断过程正常或异常的依据。

同一个产品由不同厂家生产时，执行同样的国家质量标准，其标准界限应该是相同的。但不同厂家由于技术能力与管理水平的不同，各厂家的控制界限可能是不同的，标准界限与控制界限的区别如图 3-13 所示。

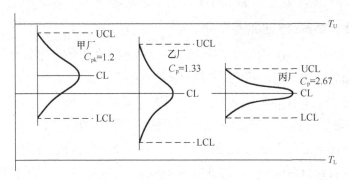

图 3-13 标准界限与控制界限的区别

② 控制图所控制的是过程处于稳定受控状态时,质量数据形成的典型分布的 $\mu \pm 3\sigma$ 范围,强调过程稳定受控,是稳定在典型分布上。因此无论是望大值质量特性还是望小值质量特性,其控制图同样存在控制上限、控制下限和控制中心线。如果认为望大值质量特性的控制图不存在控制上限、望小值质量特性的控制图不存在控制下限,实际上是将控制界限的概念同标准的概念相混淆了。

二、控制图的判断

(一)控制图判断的理论基础

控制图对过程异常的判断以小概率事件原理为依据。小概率事件原理又称为小概率事件不发生原理。其定义是,若事件 A 发生的概率很小(例如 0.01),现经过一次(或少数次)试验,事件 A 居然发生了,就有理由认为事件 A 的发生是异常的。

实际上,概率为"零"的事件(绝对不发生的事件)是不存在的,所以,把发生概率很小的事件定义为异常事件。

在统计技术应用中,首先应设置小概率 α,实际是允许判断错误的概率,所以又称小概率 α 为风险度或显著性水平,与风险度 α 相对应的是置信度 $(1-\alpha)$。小概率 α 的数值应根据被判断事物本身的重要程度而确定。对于很重要的事物,一旦错判所造成的损失或影响很大,此时的小概率 α 应尽可能设置得小一些;而对于不太重要的事物,即使错判,所造成的损失或影响也不严重,此时,小概率 α 的数值可以设置得大一些。一般情况下,设置 α 为 0.01 或 0.05,即置信度为 0.99

或 0.95。按照 GB/T 4091—2001《常规控制图》的规定,小概率 α 统一设置为 0.0027。

（二）控制图的判断准则

GB/T 4091—2001 是常规控制图的应用标准,该标准引用了美国西方电气公司统计质量控制手册,其中,8 种判异准则如下。

① 准则 1：1 点落在 A 区以外（点超出控制界限）如图 3-14 所示。

② 准则 2：连续 9 点落在中心线同一侧如图 3-15 所示。在控制图中心线某一侧连续出现的点称为链。出现链的现象表明质量特性值分布的均值 μ 向出现链的这一侧偏移。出现这种现象的概率为 0.0038,与 $\alpha=0.0027$ 非常接近,因而为异常现象。

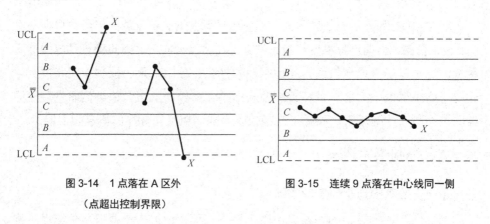

图 3-14　1 点落在 A 区外（点超出控制界限）　　图 3-15　连续 9 点落在中心线同一侧

③ 准则 3：连续 6 点递增或递减如图 3-16 所示。出现这种现象的概率为 0.00273。

④ 准则 4：连续 14 点中相邻点上下交替排列如图 3-17 所示,这种现象表明可能存在两个总体。

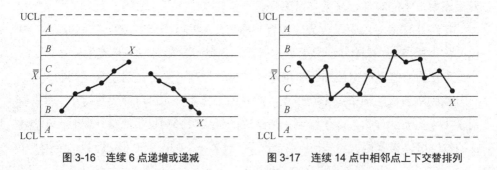

图 3-16　连续 6 点递增或递减　　图 3-17　连续 14 点中相邻点上下交替排列

⑤ 准则 5：连续 3 点中有 2 点落在中心线同一侧的 B 区以外如图 3-18 所示。出现这种现象的概率为 0.0006585。

⑥ 准则 6：连续 5 点中有 4 点落在中心线同一侧的 C 区以外如图 3-19 所示。出现这种现象的概率为 0.0021。

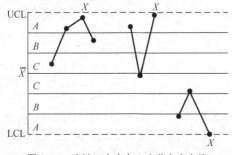

图 3-18　连续 3 点中有 2 点落在中心线同一侧的 B 区以外

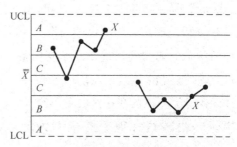

图 3-19　连续 5 点中有 4 点落在中心线同一侧的 C 区以外

⑦ 准则 7：连续 15 点落在中心线 C 区之内如图 3-20 所示。

图 3-20 也是一种异常现象，有可能是好的异常，也有很大的可能是坏的异常。从图形上看，这种现象似乎表明质量特性值的标准差 σ 很小，生产过程应处于统计控制状态。但实际上，出现这种情况的概率仅为

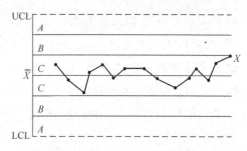

图 3-20　连续 15 点落在中心线 C 区之内

0.003255，与休哈特图值 a=0.0027 接近。由此可知，这是一个小概率事件，点的排列出现了非随机性，在一次试验中不会出现这种模式，如果出现，可确定此现象为异常现象。故判断此生产过程处于非统计控制状态。出现此异常现象，可能存在以下 3 种原因。

原因一：数据分组不当。

合理的数据分组方式，应使组内变差尽量小，组间变差尽量大。倘若分组不当，造成组内变差反而大于组间变差，将导致根据极差计算得出的控制界限太宽，出现点过多接近中心线的假象。

原因二：控制图本身使用过久。

固定参数控制图不是永恒不变的，使用一段时间后，如果质量发生了明显改变，

原控制界限太宽，会失去控制作用。此时，应重新采集数据，绘制新的控制图。

原因三：虚假数字。

出于种种原因，有些生产企业以该控制图说明本企业生产过程的平稳性和可靠性。究其实质，控制图上的数据是伪造的，以应付上级的质量检查。

我们只有排除了上述 3 种可能性之后，才能确认是好的异常。这时，通过质量分析，找出确切的影响原因，采取措施保持良好的异常因素，并经生产验证后按新的典型分布重新设计控制图。

⑧ 准则 8：连续 8 点落在中心线两侧且无一点落在 C 区如图 3-21 所示，出现这种现象的概率为 0.000096。

当控制图的点排列出现异常时，应查明原因后排除异常点。排除异常点后的数据组数若大于或等于 20 组，可利用排除异常点后的数据重新计算控制界限并打点判

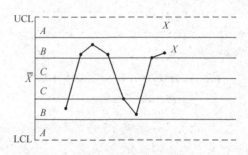

图 3-21 连续 8 点落在中心线两侧且无一点落在 C 区

断。排除异常点后的数据若少于 20 组，应重新抽样，重新作图。当控制图中的点排列正常（工序处于稳定受控状态）时，延长控制界限转换为控制用控制图，实施日常的质量控制。操作人员对每批产品首件检验合格后，按每 30min 抽取一个容量 $n=5$ 的样本，分别计算平均值 $\bar{x}$ 和极差 R，并在控制图中打点。车间技术组质量控制工程师应经常巡视各应用控制图岗位的工作情况，判断工序是否处于稳定和受控状态。当控制图上的点子排列发生异常时，应及时组织召开质量分析会，采取纠正和预防措施。

三、控制图分类

控制图的种类很多，常规控制图按产品质量特性值分为以下两类。

（一）计量值控制图

控制对象为计量值，这类控制图有均值-极差控制图（$\bar{x}$-R 图）、均值-标准差控制图（$\bar{x}$-s 图）、中位值-极差控制图（$\tilde{x}$-R 图）和单值-移动极差控制

图（$x-R_s$ 图）4 种。

（二）计数值控制图

控制对象为计数值，它包括计件值控制图和计点值控制图两种。计件值控制图分为不合格品数控制图（np 图）、不合格品率控制图（p 图）等；计点值控制图有缺陷数控制图（c 图）、平均缺陷数控制图（u 图）等。

常用的几种计量值控制图，就其功能而言，x、$\bar{x}$、$\tilde{x}$，控制图都是用于控制和分析过程中质量分布集中趋势的变化，而 s、R、R_s 控制图则用于控制和分析生产过程中质量分布的离散程度的变化。通常是将两种控制图联合应用，以实现对生产过程的全面控制。

常用的控制图种类、特点及适用场合见表 3-12。

表 3-12 常用的控制图种类、特点及适用场合

类别	控制图名称	符号	特点	适用场合
计量值控制图	均值-极差控制图	$\bar{x}-R$	常用、效果好，计算量较大	产品批量较大的工序
	均值-标准偏差控制图	$\bar{x}-s$	效果好，计算量较大	样本容量 $n>10$ 时，产品批量大的工序
	中位值-极差控制图	$\tilde{x}-R$	常用、效果稍差，计算量较小	产品批量较大的工序
	单值-移动极差控制图	$x-R_s$	简便、易用、及时，有时效果较差	单因素或单数据时使用
计数值控制图	不合格品数控制图	np	较常用，计算简单，易于理解	样本容量相等
	不合格品率控制图	p	计算量大，控制线凹凸不平	样本容量不等
	缺陷数控制图	c	较常用，计算简单，易于理解	样本容量相等
	平均缺陷数控制图	u	计算量大，控制线凹凸不平	样本容量不等

四、控制界限的计算

不同种类的控制图的控制界限的计算是不同的，GB/T 4091—2001《常规控制图》给出了各种类型控制图的控制界限的计算公式，具体见表 3-13。计算公式中，控制图系数见表 3-14。

表 3-13 控制图控制界限的计算公式

图例		中心线（CL）	控制上限	控制下限
$\bar{x} - R$	$\bar{x}$	$\bar{\bar{x}}$	$\bar{\bar{x}} + A_2\bar{R}$	$\bar{\bar{x}} - A_2\bar{R}$
	R	$\bar{R}$	$D_4\bar{R}$	$D_3\bar{R}$
$\bar{x} - s$	$\bar{x}$	$\bar{\bar{x}}$	$\bar{\bar{x}} + A_3\bar{s}$	$\bar{\bar{x}} - A_3\bar{s}$
	s	$\bar{s}$	$B_4\bar{s}$	$B_3\bar{s}$
$\tilde{x} - R$	$\tilde{x}$	$\bar{\tilde{x}}$	$\bar{\tilde{x}} + m_3A_2\bar{R}$	$\bar{\tilde{x}} - m_3A_2\bar{R}$
	R	$\bar{R}$	$D_4\bar{R}$	$D_3\bar{R}$
$x - R_s$	x	$\bar{x}$	$\bar{x} + 2.659\bar{R}_s$	$\bar{x} - 2.659\bar{R}_s$
	R_s	$\bar{R}_s$	$3.267\bar{R}_s$	不考虑
	p	$\bar{p}$	$\bar{p} + 3\sqrt{\dfrac{\bar{p}(1-\bar{p})}{n}}$	$\bar{p} - 3\sqrt{\dfrac{\bar{p}(1-\bar{p})}{n}}$
	np	$n\bar{p}$	$n\bar{p} + 3\sqrt{n\bar{p}(1-\bar{p})}$	$n\bar{p} - 3\sqrt{n\bar{p}(1-\bar{p})}$
	u	$\bar{u}$	$\bar{u} + 3\sqrt{\dfrac{\bar{u}}{n}}$	$\bar{u} - 3\sqrt{\dfrac{\bar{u}}{n}}$
	c	$\bar{c}$	$\bar{c} + 3\sqrt{\bar{c}}$	$\bar{c} - 3\sqrt{\bar{c}}$

表 3-14 控制图系数

系数 n	A_2	D_3	D_4	m_3A_2	E_2	$1/d_2$	d_2	d_3	m_3	A_3	B_3	B_4
2	1.880	—	3.267	1.880	2.660	0.8865	1.128	0.893	1.000	2.659	0	3.267
3	1.023	—	2.574	1.187	1.772	0.5907	1.693	0.888	1.160	1.954	0	2.568
4	0.729	—	2.282	0.796	1.457	0.4857	2.059	0.880	1.092	1.628	0	2.266
5	0.577	—	2.114	0.691	1.290	0.4299	2.326	0.864	1.198	1.427	0	2.089
6	0.483	—	2.004	0.549	1.184	0.3946	2.534	0.848	1.135	1.287	0.030	1.970
7	0.419	0.076	1.924	0.509	1.109	0.3698	2.704	0.833	1.214	1.182	0.118	1.882
8	0.373	0.136	1.864	0.432	1.054	0.3512	2.847	0.820	1.160	1.099	0.185	1.815
9	0.337	0.184	1.816	0.412	1.010	0.3367	2.970	0.808	1.223	1.032	0.239	1.761
10	0.308	0.223	1.777	0.363	0.975	0.3249	3.078	0.797	1.176	0.975	0.284	1.716

注：表中"—"没有实际意义，不考虑。

控制界限的具体计算过程，下面将通过案例进行介绍。

五、计量值控制图

在计量值控制图中，$\bar{x} - R$、$\bar{x} - s$ 控制图是首选的图种，广泛应用于生产控制过程中。

(一)均值–极差控制图($\bar{x}$–R图)

$\bar{x}$–R图是平均值$\bar{x}$和极差R联合使用的一种控制图。$\bar{x}$控制图主要观察分析产品质量特性均值的变化,R控制图主要观察分析产品质量特性值的离散波动变化。

1. $\bar{x}$控制图控制界限的计算

当样本平均值$\bar{x}$服从正态分布,则控制界限的计算公式如下。

$$中心线 CL = \bar{\bar{x}}$$
$$控制上限 UCL = \bar{\bar{x}} + A_2\bar{R}$$
$$控制下限 LCL = \bar{\bar{x}} - A_2\bar{R}$$

其中,A_2由表3-14查得。

2. R控制图控制界限的计算

当样本极差R服从正态分布,则控制界限的计算公式如下。

$$中心线 CL = \bar{R}$$
$$控制上限 UCL = D_4\bar{R}$$
$$控制下限 LCL = D_3\bar{R}$$

式中,D_3、D_4的值由表3-14中查得(表中$n \leq 6$时的D_3值未列出,因为这时D_3为负值,但R不可能为负值,这时可认为控制下限不存在)。

3. $\bar{x}$-R图作法

① 收集数据。收集近期数据50~200个,通常取100个左右。

② 数据分组。一般将数据分为20~25组,每组取2~6个数为宜,即组数$K=20~25$,每组的样本容量$n=2~6$,通常取$n=4$或5。

数据分组时应将生产条件大致相同情况下收集的数据分在一组,不允许同一组中包括在生产条件差异较大的情况下收集的数据。

③ 计算各组数据的平均值$\bar{x}$和极差R,以及总平均值$\bar{\bar{x}}$和极差均值$\bar{R}$。

④ 填写数据表。数据表包括测定数据、均值、极差和计算控制界限的相关数据。

数据表格式见表3-15。

表3-15 数据表格式

组号 (样本号)	测定数据				平均值$\bar{x}$	极差R
	X_1	X_2	X_3	X_4		
1						
2						

续表

组号 (样本号)	测定数据				平均值 $\bar{x}$	极差 R
	X_1	X_2	X_3	X_4		
3						
……						
20						

⑤ 计算中心线、控制上限和控制下限。

⑥ 画控制线。中心线用实线,控制上限和控制下限用虚线。

⑦ 打点。将各组 $\bar{x}$ 和 R 值分别描绘在 $\bar{x}$ 控制图和 R 控制图中,即打点。正常点用实心圆形"·";越出控制上限和控制下限的点应圈以空心圆形"○",以便判断。

⑧ 记入必要的事项。一般注明查找原因的结果和处理意见等。

4. $\bar{x}$-R 控制图的应用实例

【例】某汽车发动机制造厂项目改进团队,需要利用控制图对活塞环直径进行控制,为了制作 $\bar{x}$–R 控制图,团队测量了 125 个活塞直径的数据作为样本,并将样本数据分为 25 组,每组样本数 5 个。数据已填入表 3-16。

① 计算统计量。

计算每组的均值 $\bar{x}$。

例如第 1 组,$\bar{x}_1$ =(74.030+74.002+74.019+73.992+74.008)/5=74.010。

计算每组的极差 R。

例如第 1 组,R_1=74.030–73.992=0.038

计算总均值 $\bar{\bar{x}}$。$\bar{\bar{x}} = \frac{1}{25}\sum_{i=1}^{25} \bar{X}_i = 74.001$

计算极差均值 $\bar{R}$。$\bar{R} = \frac{1}{25}\sum_{i=1}^{25} R_i = 0.022$

将计算结果也填入活塞直径的数据表。活塞环直径数据见表 3-16。

表 3-16 活塞环直径数据

样本序号	测量值					均值 $\bar{x}$	极差 R
1	74.030	74.002	74.019	73.992	74.008	74.010	0.038
2	73.995	73.992	74.001	74.001	74.011	74.000	0.019
3	73.988	74.024	74.021	74.005	74.002	74.008	0.036

续表

样本序号	测量值					均值 $\bar{x}$	极差 R
4	74.002	73.996	73.993	74.015	74.009	74.003	0.022
5	73.992	74.007	74.015	73.989	74.014	74.003	0.026
6	74.009	73.994	73.997	73.985	73.993	73.996	0.024
7	73.995	74.006	73.994	74.000	74.005	74.000	0.012
8	73.985	74.003	73.993	74.015	73.998	73.999	0.030
9	74.008	73.995	74.009	74.005	74.004	74.004	0.014
10	73.998	74.000	73.990	74.007	73.995	73.998	0.017
11	73.994	73.998	73.994	73.995	73.990	73.994	0.008
12	74.004	74.000	74.007	74.000	73.996	74.001	0.011
13	73.983	74.002	73.998	73.997	74.012	73.998	0.029
14	74.006	73.967	73.994	74.000	73.984	73.990	0.039
15	74.012	74.014	73.998	73.999	74.007	74.006	0.016
16	74.000	73.984	74.005	73.998	73.996	73.997	0.021
17	73.994	74.012	73.986	74.005	74.007	74.001	0.026
18	74.006	74.010	74.018	74.003	74.000	74.007	0.018
19	73.984	74.002	74.003	74.005	73.997	73.998	0.021
20	74.000	74.010	74.013	74.020	74.003	74.009	0.020
21	73.998	74.001	74.009	74.005	73.996	74.002	0.013
22	74.004	73.999	73.990	74.006	74.009	74.002	0.019
23	74.010	73.989	73.990	74.009	74.014	74.002	0.025
24	74.015	74.008	73.993	74.000	74.010	74.005	0.022
25	73.982	73.984	73.995	74.017	74.013	73.998	0.035

② 计算控制界限。

由于样本容量 $n=5$，查询控制图系数表（表 3-14）。

$A_2=0.577$，不考虑 D_3（$n=5$ 时，D_3 为负值），$D_4=2.114$，因此，$\bar{x}$ 控制图的控制界限和中心线如下。

CL= $\bar{\bar{x}}$ =74.001

UCL= $\bar{\bar{x}}$ +$A_2\bar{R}$ =74.001+0.577×0.02244=74.014

LCL= $\bar{\bar{x}}$ −$A_2\bar{R}$ =74.001−0.577×0.02244=73.988

注：中心线在 UCL 上面。

R 控制图的控制上限和中心线如下。

CL= $\bar{R}$ =0.022

UCL= $D_4\bar{R}$ =2.114×0.02244=0.047

此例图 $n<6$，LCL 不考虑。

③ 做分析用控制图。根据计算的 $\bar{x}$ 控制图和 R 控制图的控制界限，分别建立两张图的坐标系，横轴为样本序号，纵轴分别为样本均值和样本极差，并根据计算出的各样本组对应的均值和极差，在控制图上打点连线，得到分析用控制图，活塞环直径的 $\bar{x}$-R 控制图如图 3-22 所示。

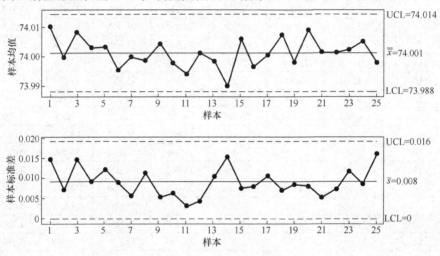

图 3-22　活塞环直径的 $\bar{x}$-R 控制图

从图 3-22 中可以看出，$\bar{x}$ 控制图和 R 控制图均处于统计控制状态，且该活塞环直径生产过程的能力指数达到要求，因此可以延长控制界限，作为控制用控制图。

（二）均值–标准差控制图（$\bar{x}$-s 图）

$\bar{x}$-s 控制图是计量值控制图中最有效、最可靠的控制图。但是该图样本标准差的计算较为复杂，在以往的实际应用中受到了一定的限制。随着统计软件的开发和计算机的广泛应用，计算困难的问题已经得到解决。这为 $\bar{x}$-s 控制图在生产实践中的应用创造了条件。

$\bar{x}$-s 控制图控制界限和中心线的计算如下，具体计算过程省略。

$\bar{x}$ 控制图控制界限和中心线的计算：

$$中心线\ CL=\bar{\bar{x}}$$

$$控制上限\ UCL=\bar{\bar{x}}+A_3 s$$

$$控制下限\ LCL=\bar{\bar{x}}-A_3 s$$

s 控制图控制界限和中心线的计算：

$$中心线\ CL=\bar{s}$$
$$控制上限\ UCL=B_4 s$$
$$控制下限\ LCL=B_3 s$$

根据 $\bar{x}-s$ 控制图控制界限和中心线的计算公式，如果对发动机活塞环使用 $\bar{x}-s$ 控制图进行控制，只要将数据表中各组极差换成标准差，活塞环直径的 $\bar{x}-s$ 控制图如图 3-23 所示。

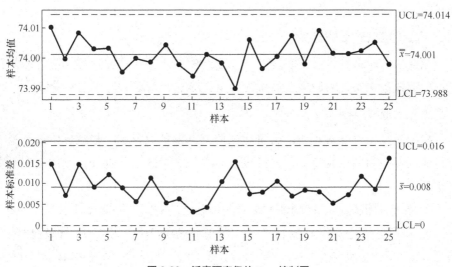

图 3-23　活塞环直径的 $\bar{x}-s$ 控制图

从图 3-23 中可以看出，$\bar{x}$ 控制图和 R 控制图都无异常点，因此，可以判断活塞环过程处于统计控制状态。这里 $\bar{x}-s$ 控制图与 $\bar{x}-R$ 控制图的区别在于，$\bar{x}-s$ 控制图的控制精度要更高一些。

六、应用控制图要注意的问题

（一）控制图的应用条件

控制图的控制对象可以是质量特性、质量指标，还可以是工艺参数，无论是哪类控制对象，均应符合以下 3 个条件方能实施质量控制。

1. 定量化描述

控制对象必须在能进行定量化描述、能取得数字数据的情况下，方可应用控制图。

2. 典型分布可重复性

在人、机、料、法、环、测等生产条件确定时，过程处于正常状态，其质量数据所形成的典型分布在可重复的情况下，方可应用控制图。

3. 控制对象的单一性

一张控制图只能控制一个控制对象，如果某工序需要对两个（或两个以上）质量特性进行控制，必须同时应用两张（或两张以上）控制图分别实施质量控制。

（二）控制对象的选择

企业内的质量特性、质量指标、工艺参数有很多，不可能逐一进行质量控制，应选择最重要、对最终产品质量有重大影响的关键项目实施质量控制。

（三）取样原则

控制图是在生产过程中，按确定的时间间隔抽取样本，根据样本统计量的计算结果在控制图中打点，以判断过程是否正常。因此，抽样原则的确定是非常重要的。

① 必须随机抽样。控制图的抽样是以确定的时间间隔随机抽取样本的。

② 抽样时间间隔的确定。抽样时间的间隔是根据过程的稳定性，即过程中异常因素出现的频次来确定的。但一个班次内最少抽取一个样本，否则判断误差会过大。

③ 抽样样本的大小应保证控制图有适宜的检出力。

④ 分析用控制图的抽样组数应大于或等于 20 组，最好抽取 25 组。

（四）控制图异常分析的原则

控制图一旦出现异常，应立即组织质量分析。对异常的分析应遵循"先自身，后他人，先内部，后外部"的原则。异常分析一定要结合专业技术、管理技术全面进行。

（五）生产条件改变或质量改进后应重新设计控制图

控制图的设计主要是用过程处于正常状态时质量数据形成的典型分布 $\mu \pm 3\sigma$ 的数值确定控制界限。当经过质量改进、技术改进、工艺改进后，典型分布的特征值会发生变化，因此要重新设计控制图。但一定要确认典型分布特征值的改变并不是异常因素影响的结果。

（六）控制图的使用要求

计量值控制图必须两图联用，分别控制质量特性值分布的中心值和离散程度。计数值控制图是单图使用，只控制分布中心。

第六节 优选法

一、优选法的概念及应用

优选法是以数学原理为指导，合理安排试验，以尽可能少的试验次数尽快找到生产和科学实验中最优的科学方法。企业在新产品、新工艺研究，仪表、设备调试等方面采用优选法，能以较少的试验次数迅速找到较优方案，在不增加设备、物资、人力和原材料的条件下，缩短工期、提高产量和质量、降低成本等。

如何选取合适的配方、配比，合理的操作条件及操作过程，达到优质、高效、低消耗的目的，需要对有关因素的最佳点进行选择，这类问题称为选优问题。科学的方法是利用数学优选原理，合理安排试验点，减少试验的盲目性，节省人力和物力，而且可以迅速地得到有效的试验结果。

通常情况下，应用优选法的步骤如下：

① 明确目的，明确针对什么项目进行试验；
② 明确影响因素，例如重量、长度、温度、角度、时间等；
③ 明确试验方法，用什么方法试验，用什么手段检验；
④ 明确指标，以什么指标判断优选的程度；
⑤ 确定试验点试验，计算试验点，并进行反复试验测试；
⑥ 比较试验结果，对每次试验结果进行分析比较，直到实现试验目标；
⑦ 验证试验结果，对试验结果进行验证分析。

优选法分为单因素方法和多因素方法两类。单因素方法有对分法、黄金分割法（0.618法）、菲波那契数列（分数法）等；多因素方法也有很多，但在理论上都不完备。因此，常用的优选法以单因素方法为主。这里只介绍常用的两种方法：黄金分割法和对分法。

二、黄金分割法（0.618法）

黄金分割法是常用的一种优选法，也称为0.618法，是美国数学家基弗于1953年提出的一种优选法，从1970年开始在我国推广，在生产实践和科学试验中有着广泛的应用。这种方法以较少的试验次数，迅速找到最优方案，因此是一种较先进的优选法。黄金分割法以选择试验范围的0.618处及其对称点作为试验点而得名。两个试验点的试验结果对比后，留下较"好点"所在的范围，去掉较"坏点"所在的范围，再在余下范围内继续用0.618法找"好点"，去掉"坏点"，如此继续下去，直至达到最优，最优点即黄金分割点。

运用黄金分割法时，第一个试验点安排在试验范围（a，b）的0.618处；第二个试验点安排在第一个试验点的对称位置上。

这两点的数学表达式如下。

$$X_1=a+0.618（b-a）$$

$$X_2=a+b-X_1$$

第一次试验结束后，将X_1、X_2点的试验结果进行如下比较。

① 如果X_1点比X_2点好，则将（a，X_2）的试验范围去掉，留下"好点"所在的范围（X_2，b），在此范围内，再找出X_1的新对称点X_3的位置，如图3-24所示。

② 如果X_1点比X_2点差，则把（X_1，b）的试验范围去掉，留下"好点"所在的范围（a，X_1），并在其中找出X_2的新对称点X_3的位置，如图3-25所示。

图3-24　X_1的新对称点X_3的位置　　　图3-25　X_2的新对称点X_3的位置

在留下的试验范围（a，X_1）内又有两个试验点可以比较，一个是新试验点X_3的结果，另一个是X_2的结果。通过试验对比后，可以留下"好点"，去掉"坏点"，这样试验范围又进一步缩小。随着试验次数的不断增加，试验范围不断缩小，这样一来，将"留好点，去坏点，取新点，再找好点"的过程继续下去，就可以较快地找到试验范围内的最佳点。这就是黄金分割法的应用。

三、对分法

对分法又称为取中法、平分法、对折法,即每次试验因素的取值都用前两次试验取值的中点。

计算公式:$X=(a+b)/2$

式中,X——本次试验因素的取值;

a、b——前两次试验对该因素的取值。

根据试验结果,判断本次试验的取值是偏高还是偏低,先将中点以上的一半或者中点以下的一半去掉,这样需要考察的因素的范围就减少了一半。再进行试验,每次都可将因素的范围缩减一半,随着试验不断进行,可以很快找到因素的最佳值。下面用案例说明对分法的应用。

有一条10km的输电线路出现故障,在线路的一端 A 处有电,在另一端 B 处没有电,现在要迅速查出故障所在的位置。

黄金分割法是先做两个试验,然后再通过比较,确定存优范围,不断地将试验范围缩小,最后找出最佳点。使用对分法找输电线路故障所在位置,我们只需在 AB 之间的任意点 C 进行检查,就能根据点 C 是否有电,判断出故障区间,从而缩小故障范围,而不需要做两个试验进行比较。那么,如何选取每次的检查点才能迅速找出故障位置呢?第一个检查点 C 安排在线路中间,如果有电,说明故障位置不在 AC 段而是在 CB 段,接着在 CB 段的中点 D 进行检查,如果没电,说明故障位置在 CD 段,再在 CD 段的中点 E 检查,如此类推,很快就能找出故障的位置。

对分法示意如图 3-26 所示。

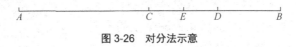

图 3-26 对分法示意

这个方法的要点是每个试验点都取在因素范围的中点,将因素范围对分为两半,所以这种方法就称为对分法。用这种方法做试验,每次都可以去掉因素范围一半,因此,效率比黄金分割法更高,但不是所有的问题都可以使用对分法。如果每做一次试验,根据结果,可以决定下次试验的方向,就可以用对分法。例如案例中,根据是否有电可以判断是哪段线路出现故障,下次即可在有故障的区域检查。决定下次试验方向,只需要满足两个条件即可:一个是要有标准,对分法每次只有一个试验结果,如果没有标准就无法鉴别试验结果的好坏,案例中的标准是有没有电;二是要预知该因素对指标的影响规律,也就是说,能够从一个试验的结果直接分析出该因素的值是取大了还是取小了。案例中,根据检查点是否有电,知道了下一次应该离 A 点更近些还是更远些。如果没有这一条件就不能确定下一次应该在哪个范围进行试验。

对分法和黄金分割法在确定下一个试验点时,比较的对象是不同的。后一种方法是两个试验点上的试验结果的比较,而对分法是一个试验点上的试验结果与已知标准(或要求)的比较。因此,使用对分法还需要满足具有已知标准这个条件。从效果上看,对分法比黄金分割法好,每一次试验可以去掉一半的因素范围,相对黄金分割法,更简单、更易操作。

黄金分割法在计算上比对分法略为复杂,但它以实验范围的 0.618 处及其对称点取值选择试验点,因此,比对分法更精确些。

第七节 矩阵图

矩阵图是通过多因素综合思考,探索解决问题的方法。矩阵图借助数学上矩阵的形式把影响问题的各对应因素列成一个矩阵图,然后根据矩阵的特点找出确定关键点的方法。

1. 矩阵图的用途

① 给出开发、改良产品的重点,即构思的要点。

② 建立质量保证体系中的关键环节。

③ 分析制造过程中产品质量问题产生的原因。

④ 加强质量评价体制和提高其效率。

⑤ 分析市场和产品的联系,指定产品竞争的战略。

2. 矩阵图的类型

① L形矩阵图如图 3-27 (a) 所示,它是矩阵图的基本形式,它将一组对应数据(A 和 B)按二元表的形式表示出来。

② T形矩阵图如图 3-27 (b) 所示,它由两个L形矩阵图组合而成,即将 A

和 B 组成的 L 形矩阵图与 A 和 C 组成的 L 形矩阵图组合而成。

③ Y 形矩阵图如图 3-27（c）所示，它由 3 个 L 形矩阵图组合而成，即将 A 与 B、B 与 C、C 与 A 这 3 个 L 形矩阵图组合而成。

④ X 形矩阵图如图 3-27（d）所示，它由 4 个 L 形矩阵图组合而成，即将 A 与 B、B 与 C、C 与 D、D 与 A 这 4 个 L 形矩阵图组合而成。

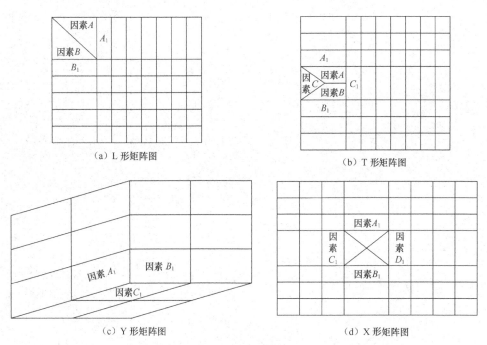

图 3-27　矩阵图示例

3. 绘制矩阵图的步骤

① 确定事项。确定需要组合哪些事项，解决什么问题。

② 选择对应的因素群。找出与问题有关的属于同一水平的对应因素，这是绘制矩阵图的关键。

③ 选择适用的矩阵图类型。

④ 根据经验，集思广益，征求意见，展开讨论，用理性分析和经验分析的方法，用符号在对应的因素群交点上做出相应关联程度的标识。

⑤ 在列或行的终端，对有关系或有强烈关系、密切关系的符号做出数据统

计，以明确解决问题的着眼点和重点。

4. 矩阵图的应用

矩阵图的用途很广泛，一般具有两种以上的目的和结果，并要使其与手段和原因相应展开的情况下，方可应用矩阵法。

第四章

QC 小组活动成果的评审

QC小组活动课题完成后，小组成员要将活动的过程认真整理，形成小组活动成果报告。为了让小组成员及所在单位对活动成果有比较清楚的认知，需要对活动的成果进行客观、公正、全面的评审。

一、评审的目的和作用

对QC小组活动成果进行评审的目的，就是通过对QC小组活动课题的成果进行客观、公正、全面的评价，肯定成绩，指出不足，以促进QC小组活动水平的不断提升。同时，通过评审选出优秀的成果，有利于树立典范、表彰先进，激励QC小组活动不断追求更高的目标。

QC小组活动成果的评审工作对QC小组活动的深入开展有着很好的促进作用，主要体现在以下3个方面。

1. 有利于调动企业和员工的积极性

QC小组活动成果的评审，可充分肯定小组取得的成绩，可以充分调动小组成员和企业的积极性，有利于更多的企业员工参与QC小组活动，通过活动提升员工的综合素质，促进企业的发展。

2. 有利于提高活动水平

QC小组经过活动取得成果后，小组成员与大家一起分享成功经验的同时也愿意听取领导、专家和同行的评价意见。因此，通过对QC小组的活动成果和活动过程的评审，认真、负责地指出活动过程、工具方法应用等不足，促进QC小组活动的水平不断提高。

3. 有利于相互学习和交流

QC小组活动成果的发表是进行交流的主要方式，而评审活动成果能对交流起到引导作用。在成果评审中，由专家、领导、组织者对QC小组活动中成功的经验和正确的做法给予肯定，为其他小组树立典范；对小组活动成果中存在的缺点与不足，提出改进建议，也能让其他小组受到启发，达到小组间相互交流和学习的目的。

二、评审原则

QC小组活动成果的评审包含肯定成绩和指出不足两个方面的内容。为了在评审中做出正确的判断，评审人员要遵从统一的评审原则，通常情况下，评审原则包括以下4个方面。

1. 抓大放小

在评审QC小组活动成果时，无论是肯定成绩，还是找出存在的问题，都要把握一个基本原则：从大处着眼，抓主要问题，即抓大放小。任何一个QC小组活动成果都不可能是完美的，既有可学习的优点，同时也存在着不足。只不过有的成果问题少，而有的成果问题多一些。如果评审人员在评审时，没有找出主要的问题，却找出一堆"微不足道"的问题，那么就会误导QC小组，把QC小组活动引导到不正确的方向，甚至会打击被评审成果的QC小组成员的积极性。因此，在评审过程中，评审人员指出问题和不足，不求数量多，但要抓住主要问题，也就是活动程序是否科学严谨、数据是否符合要求、方法应用是否适宜和正确。当然，评审人员能够既快速又准确地抓住关键问题，是需要不断积累经验和逐步训练出来的。

2. 客观有依据

评审人员给QC小组活动成果提出评审意见，特别是指出问题和不足时要客观有依据。所谓客观，就是要依照成果的内容进行评审，不能掺杂个人的主观与偏见。对提出的每一个问题，都要有判定依据，明确指出是什么问题，问题出在哪，这样QC小组成员才能清楚自己存在的问题，有利于他们弥补不足。

3. 避免在专业技术上钻牛角尖

每一个QC小组活动成果，其专业技术是各不相同的。同一个专业之间会因为设备条件不同、工艺不同、操作习惯不同、环境不同等，在成果上呈现很大的差异，有的甚至还涉及专业技术秘密。而QC小组在管理技术方面则有较多的共性，可以相互交流。因此，对QC小组活动成果的评审应更多地侧重于对其管理技术方面的评价，侧重从管理技术方面提出评价和改进意见，避免在专业技术上钻牛角尖。在企业内部评审QC小组活动成果时，必然会涉及专业技术方面，企业首先应该在专业技术方面把好关。

4. 不以经济效益的大小作为成果优劣的依据

QC小组活动倡导的是"小、实、活、新"，提倡员工，特别是生产、服务现场一线的员工自发组织，围绕身边的问题开展活动。这样一来，每个岗位、每个小组面对的问题不同，活动后获得的经济效益也各不相同。但是，员工通过参加 QC 小组活动，围绕企业经营战略、方针目标和身边存在的问题不断进行改进创新，学到了更多的质量管理知识，掌握了科学的思维方法，增强了解决问题的能力，提高了自身的素质，实现了自身价值，激发了积极性和创造性，企业也因此培养和造就了人才，开发了人力资源，这些都是开展 QC 小组活动取得的成果。如果评审 QC 小组活动成果时，经济效益越大得分就越高，则那些小课题，特别是非常有实用价值的活动成果，就无法进入优秀成果的行列，这必然会打击现场员工参加 QC 小组活动的积极性。因此，在评审 QC 小组活动成果时，评审人员切忌单纯以经济效益的大小作为评审依据。特别值得指出的是，在企业内部的成果评审中，更应该注重对 QC 小组活动过程的评审。

三、现场评审

QC 小组活动的现场能最真实地体现活动开展的实际情况。因此，对活动现场的评审是 QC 小组活动成果评审的重要内容之一，现场评审包括小组概况、活动过程的记录、小组成员的培训等，以此全面了解 QC 小组活动过程，验证 QC 小组活动的真实性和成果的有效性。通常情况下，现场评审是 QC 小组所在的企业组织实施的，这样有助于企业更多地了解 QC 小组活动开展的情况，同时，通过现场评审肯定 QC 小组活动所取得的成绩和每一位小组成员所付出的努力和做出的贡献，激发广大员工参与质量改进活动的积极性，通过现场评审还能及时发现一些为企业创造价值的优秀成果，通过对这些优秀成果的推广，使企业的价值得到快速提升。

1. 评审原则

① 坚持QC小组活动过程与活动效果相结合，充分体现成果的实用性和价值。

② 坚持管理技术与专业技术相结合。

③ 注重全体 QC 小组成员积极参与，自主解决问题的程度和实效。

④ 注重对 QC 小组活动过程的评审。

2. 评审组织

① QC 小组活动取得成果后，应向本单位主管部门申报现场评审，主管部门应组织评审组到申报 QC 小组所在的现场进行现场评审。

第四章　QC小组活动成果的评审

② 现场评审的时间一般安排在QC小组取得成果后两个月左右为宜。相隔时间太短，不能很好地看出活动效果的巩固情况；相隔时间太长，则不利于更好地调动QC小组成员的积极性。

③ 现场评审由企业主管部门牵头，企业主管部门要组织熟悉QC小组的有关人员组成评审组。通常情况下，评审组由QC小组所在单位的质量工程师、技术员，以及熟悉QC小组活动的QC骨干组成。

3. 评审方法

（1）现场查验

评审组直接到现场听取QC小组活动过程及成果的简要汇报，查看QC小组活动记录，与QC小组成员交谈，以验证该QC小组活动成果的真实性和有效性。

（2）打分

评审组在验证活动的基础上，按照《质量管理小组活动现场评审表》进行独立打分。

（3）写出评审意见

评审组就现场观察及查验结果写出评审意见。评审意见包括主要优点、存在的问题和结论3个部分。

质量管理小组活动现场评审见表4-1。

表4-1　质量管理小组活动现场评审

序号	评审项目	评审方法	评审内容	分值
1	QC小组的组织	查看记录	（1）QC小组和课题进行注册登记； （2）QC小组活动时，小组成员出勤及参与活动各步骤的情况； （3）QC小组活动计划及完成情况	10分
2	活动情况与活动记录	听取介绍 查看记录 现场验证	（1）活动过程按QC小组活动程序开展； （2）活动记录（包括各项原始数据、统计方法等）保存完整、真实； （3）活动记录的内容与发表资料一致	30分
3	活动的真实性与有效性	现场验证 查看记录	（1）QC小组课题对技术、管理、服务的改进点有改善； （2）各项改进在专业方面科学有效； （3）取得的经济效益得到相关部门的认可； （4）统计方法运用适宜、正确	30分

续表

序号	评审项目	评审方法	评审内容	分值
4	成果的维持与巩固	查看记录现场验证	（1）QC 小组活动课题目标达成，有验证记录； （2）改进的有效措施或创新成果已纳入有关标准或制度； （3）现场已按新标准或制度执行； （4）活动成果应用于生产和服务实践	20 分
5	QC 小组教育	提问或考试	（1）QC 小组成员掌握 QC 小组活动程序； （2）QC 小组成员对方法的掌握程度和水平； （3）通过本次活动，QC 小组成员的专业技术、管理方法和综合素质得到提升	10 分

4. 注意事项

① 对 QC 小组活动成果的现场评审工作体现了企业领导对 QC 小组的关心和支持，是企业提高质量、创新和开发人力资源的重要保证。因此，QC 小组活动成果的现场评审应做到企业落实、过程严谨、评审公正。

② 现场评审要在 QC 小组完成课题且申报后进行，要有计划、有组织，不走过场，不搞突击。提倡评审坚持原则、机动灵活，鼓励QC 小组真实表现，总结活动成果不修饰、不夸大。

③ 关注 QC 小组活动课题所涉及的产品、服务、管理和安全质量等是否有明显的改善或提升，各项改进措施是否纳入相关标准并严格执行。

④ 现场评审不能忽略技术问题，应对 QC 小组活动成果从技术上严格把关，防止由现场质量改进给安全、环境等方面带来负面影响。

⑤ 尊重客观事实。现场评审时指出的每项不足都应以事实和数据说话，通过评审使 QC 小组明确改进方向。

四、成果评审

QC 小组活动结束后，要根据活动程序整理出成果报告，并将整理后的成果报告提交给所在的企业，企业将结合实际情况，组织评审人员对成果进行评审，选出较优秀的成果，再通过逐级推荐和层层评审，选出更优秀的成果。在评审中，不仅要遵从评审原则，还要关注以下 3 个方面。

1. 建立评审队伍

成果评审工作做得如何，评审队伍的水平是关键，因此，对评审队伍的培养，

第四章　QC 小组活动成果的评审

是企业的责任和义务。一支高水平的评审队伍应具备以下条件：
① 对 QC 小组活动有热情，有敬业精神；
② 能够客观公正地评价成果，不感情用事；
③ 有 QC 小组活动的经验，熟知活动程序；
④ 对 QC 小组活动中常用的统计方法有较深刻的理解。

企业不仅要在活动积极分子中选拔评审人员，还要为他们提供更多学习锻炼的机会，同时，还要尽可能保持评审队伍的稳定性。这样才能让评审队伍的水平不断提高，才能出色地完成评审工作。

2. 组织评审工作

QC 小组活动成果的评审可以分为不同层级，例如，地市级、省公司级、集团级和行业级，评审的方式可以是成果材料评审，也可以是召开成果发布会，进行发表评审，最终评审结果应该是现场评审的成绩和成果评审的成绩相结合。企业经过现场评审和成果材料评审，评选出优秀的成果向行业、地方质量协会或中国质量协会推荐。评审标准要以中国质量协会颁布的《质量管理小组活动准则》中的评审表为依据，评审表根据课题类型分为问题解决型课题成果评审和创新型课题成果评审。问题解决型课题成果评审见表 4-2，创新型课题成果评审见表 4-3。

表 4-2　问题解决型课题成果评审

序号	评审项目	评审内容	分值
1	选题	（1）所选课题与上级方针目标相结合，或是本 QC 小组现场亟须解决的问题； （2）选题理由明确，用数据说明； （3）现状调查（自定目标课题）为设定目标和原因分析提供依据；目标可行性论证（指令性目标课题）为原因分析提供依据； （4）目标可测量，可检查	15 分
2	原因分析	（1）针对问题或症结分析原因，逻辑关系清晰、紧密； （2）每一个原因已逐层分析到末端，能够直接采取对策； （3）针对每个末端原因逐条确认，以末端原因对问题或症结的影响程度判定主要原因； （4）判定方式为现场测量、试验和调查分析	30 分
3	对策与实施	（1）针对主要原因逐条制定对策；进行多种对策选择时，有事实和数据为依据； （2）对策按"5W1H"要求制定； （3）按照对策表逐条实施，并与对策目标进行比较，确认对策效果； （4）未达到对策目标时，制定修改措施并按新的措施实施	20 分

续表

序号	评审项目	评审内容	分值
4	效果	（1）QC 小组设定的课题目标已完成； （2）确认 QC 小组活动产生的经济效益和社会效益，实事求是； （3）实施的有效措施已纳入相关标准或管理制度等； （4）QC 小组成员的专业技术，管理方法和综合素质得到提升，并提出下一步计划	20 分
5	成果报告	（1）成果报告真实，有逻辑性； （2）成果报告通俗易懂，以图表、数据为主	5 分
6	特点	（1）小组课题体现"小、实、活、新"特色； （2）统计方法运用适宜、正确	10 分

表 4-3 创新型课题成果评审

序号	评审项目	评审内容	分值
1	选题	（1）选题来自内、外部客户及相关方的需求； （2）广泛借鉴，启发 QC 小组创新灵感、思路和方法； （3）设定目标与课题需求一致，目标可测量，可检查； （4）依据借鉴的相关数据论证目标可行性	20 分
2	提出方案并确定最佳方案	（1）总体方案具有创新性和相对独立性，分级方案具有可比性； （2）方案分解已逐层展开到可以实施的具体方案； （3）用事实和数据对每个方案进行逐一评价和选择； （4）事实和数据来源于现场测量、试验和调查分析	30 分
3	对策与实施	（1）方案分解中选定可实施的具体方案，逐项纳入对策表； （2）按"5W 1H"要求制定对策表，即可实施的具体方案、目标可测量、可检查，措施可操作； （3）按照制定的对策表逐条实施； （4）每条对策实施后，确认相应目标的完成情况，未达到目标时制定修改措施，并按新措施实施	20 分
4	效果	（1）检查课题目标的完成情况； （2）确认 QC 小组创新成果的经济效益和社会效益，实事求是； （3）有推广应用价值的创新成果已形成相应的技术标准或管理制度等；对专项或一次性的创新成果，已将创新过程相关资料整理存档； （4）QC 小组成员的专业技术和创新能力得到提升，并提出下一步计划	15 分
5	成果报告	（1）成果报告真实，有逻辑性； （2）成果报告通俗易懂，以图表、数据为主	5 分
6	特点	（1）充分体现 QC 小组成员的创造性； （2）创新成果具有推广应用价值； （3）统计方法应用适宜、正确	10 分

第四章　QC 小组活动成果的评审

3. 评审的要点

QC 小组活动的课题类型不同，成果评审的关注点也不同，下面结合《质量管理小组活动准则》中的问题解决型课题成果评审表和创新型课题成果评审表，按照活动程序分别介绍成果评审的要点。

（1）问题解决型课题的评审要点

在对问题解决型课题进行评审时，每个步骤的关注点不同。

选择课题——选题理由是否简洁明确，是否用数据说明 QC 小组所面对的问题。

现状调查——分析收集的数据是否符合要求；通过分析是否找到具体的症结；分析的过程是否正确（注意不要与原因分析混淆）。

设定目标——对自定目标的课题，要重点关注设定目标的依据是否正确；对指令性目标课题要关注的是，设定的目标是否与来自上级、顾客、相关方的要求及各类标准规定指标一致。

目标可行性论证——这个步骤是对指令性目标课题而言，自定目标课题没有这个步骤。在评审这个步骤时，不仅要关注收集的数据是否符合要求，分析的过程是否正确，还要关注是否找到了症结，通过论证确定了要解决的问题，并通过客观的论证明确了目标实现的可行性。

原因分析——是否针对症结或问题分析原因；原因之间的逻辑关系是否清晰、紧密；是否逐层分析到末端；整理原因分析的方法是否正确。

确定主要原因——是否用末端因素对症结或问题的影响程度判断是否为主要原因；判断的方法是否正确，数据来源是否有交代，应用的方法是否适宜、正确。

制定对策——如果针对主要原因提出多个对策，是否能用客观的方法对提出的对策进行评价和选择；是否按照"5W1H"的要求制定对策表；对策是否明确；对策目标是否可检查；措施是否具体。

对策实施——是否按照对策表逐条实施对策，对策实施后，是否及时确认了对策的实施效果。

效果检查——课题目标是否完成，问题是否得到改善，关注数据的客观性和可比性。

制定巩固措施——是否将经实施证明的有效措施全部纳入标准。

总结和下一步计划——QC 小组活动后是否按照要求从专业技术、管理方法和小组人员的综合素质等方面进行了总结，并提出了下一次活动的课题。

（2）创新型课题的评审要点

创新型课题的活动程序与问题解决型课题的活动程序不同，对每个步骤的要求也不一样，因此，评审要点也不同。创新型课题的评审重点关注的内容如下。

选择课题——需求是否清晰、明确；是否通过广泛借鉴，启发了创新思路；借鉴点是否明确。

设定目标及目标可行性论证——设定的目标是否与需求保持一致，是否依据借鉴的相关内容客观地论证目标实现的可行性。

提出方案并确定最佳方案——提出的方案是否应用所借鉴的思路、技术或方法等；总体方案是否具有创新性和相对独立性；分级方案是否具有可比性、可操作性。总体方案是否逐层展开到可以实施的具体方案，在选择方案时，是否有信息和数据支撑，选择完成后是否对最佳方案进行了整理。

制定对策——是否按"5W1H"要求填写对策表；是否将具体方案作为对策纳入对策表，对策目标是否可测量、可检查，措施是否与对策保持一致且具体、可操作。

对策实施——是否按照对策表进行对策的实施，对策实施后，是否通过收集数据确认了对策的实施效果。

效果检查——课题目标的完成情况是否有依据。

标准化——是否对创新成果进行推广应用价值的评估，是否对有推广应用价值的成果形成完整的标准化文件。

总结和下一步计划——QC 小组是否以创新的角度从专业技术、管理方法和小组人员的综合素质等方面进行了总结，并提出了下一次活动的课题。

除了上述提到评审成果时要关注的要点，评审时还要重点关注QC小组在活动中统计方法的应用是否适宜、正确，因为这是QC小组活动严密的科学性的具体体现。此外，评审时还要关注成果报告的真实性、逻辑性。

案例一 研究算力网络下的 5G+AR 设备快速点检新方法

一、小组简介

"核聚堂"QC 小组成立于 2011 年,共有 11 名成员,小组成员及分工见表 4-4。

表 4-4 小组成员及分工

课题名称	研究算力网络下的 5G+AR 设备快速点检新方法			
小组名称	"核聚堂"QC 小组		小组人数	11 人
课题类型	创新型		活动参与率	100%
活动频次	2~3 次/月		活动时间	2021-05—2022-01
小组成员				
序号	姓名	性别	文化程度	小组分工	职称	职务
1	彭豪	男	硕士	组长	高级工程师	技术顾问
2	倪志刚	男	硕士	顾问	高级工程师	技术顾问
3	林立引	女	硕士	顾问	高级工程师	技术顾问
4	温如燎	男	本科	组员	高级工程师	课题确定
5	关侃	女	本科	组员	工程师	实施指导
6	陈国龙	男	本科	组员	工程师	资料收集、实施指导
7	林罡	男	硕士	组员	工程师	实施指导
8	徐进	女	硕士	组员	工程师	实施指导
9	李静	女	硕士	组员	工程师	项目实施
10	陈剑锋	男	硕士	组员	工程师	项目实施
11	卢彬炜	男	硕士	组员	工程师	总结推广

二、选择课题

(一)课题背景及客户需求

随着自动化的快速发展,5G 智能点检在垂直工业应用广泛,它在不接触的情况下即可快速、实时掌握设备信息。数据显示,到 2025 年,50%的数据将在 5G 网络边缘侧分析、处理。未来数据预测如图 4-1 所示。

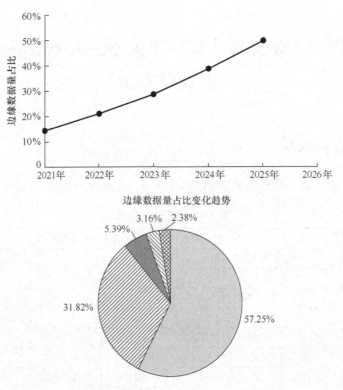

数据来源：IDC《数据时代 2025》报告预测

图 4-1　未来数据预测

算力网络可解决资源供给不均衡问题，未来自动化点检的网络场景将以算力网络为基础，集中应用在人工智能和边缘计算等平台。

钢铁企业会采购较多高端的设备，但专家无法到达现场指导设备的安装测试工作，以及后续的故障处理等一系列问题，会给企业的生产、交付等带来很大损失。同时，日常设备状态检查依靠人工抄表，存在效率低、发现问题难等情况，无法有效发挥设备数据的分析价值。为此，宝钢亟须利用AR智能巡检技术，在第一时间发现"设备异常""错误流程""质量不稳定"等信息，从而解决专家资源稀缺、现场支持成本高等问题。

2021年，福建移动与宝钢合作5G智慧钢铁项目。宝钢在本项目中提出：5G+AR巡检需要实现设备远程排障，解决专家资源稀缺、现场支持成本高等问题；为此，宝钢提出点检时长控制在15分钟以内和成功率为95%以上。

（二）广泛借鉴

针对宝钢未来 5G 智慧钢铁的需求，我们需要提供 5G 网络、边缘计算平台及虚拟企业专网运营管理平台。为了实现大网与行业专网资源共享，福建移动为客户搭建算力网络下的 5G 专网，实现业务分流。

QC 小组成员针对算力网络、点检和 AR 技术，查找了相关资料，虽然没有找到直接适用于算力网络下的 5G+AR 设备快速点检方案，但是有些技术文献给了我们很多启发，广泛借鉴内容见表 4-5。

表 4-5 广泛借鉴内容

序号	类别	借鉴来源	借鉴方案	涉及领域	借鉴点
1	技术借鉴	《自动化博览》2020 年第 7 期：《面向敏捷边云协同的算力感知网络解决方案》	结合网络实时状况，动态调度计算资源，将终端的计算卸载到合适的计算节点	算力网络边云协同	快速点检
2	技术借鉴	《东南大学学报（自然科学版）》2020 年第 1 期：《头戴式 AR 界面目标符号的视觉搜索实验研究》	线宽大小对目标符号的视觉搜索有显著性影响；不透明度对目标搜索的反应时有显著影响，对正确率没有显著影响	图像识别AR 技术	目标符号视觉模型设计
3	原理借鉴	《科学大众》2020 年 6 期：《基于 5G 边缘云与计算机视觉的 AR 室内定位解决方案》	吸纳计算机视觉定位的部署便利、精度高，以及 5G 边缘云时延低、算力强等特点，可用以提升用户体验	边缘云计算机视觉AR 定位	边缘云AR 视觉定位
4	系统借鉴	《浙江冶金》2017 年第 2 期：《智能点检系统用于现代设备维护的设计》	应用智能点检系统改善日常点检中存在的弊端，提升点检效率	智能点检设备维护	智能点检系统设计
5	系统借鉴	《信息与电脑》2021 年第 5 期：《AR 机器视觉分拣系统的设计与实现》	调用 OpenCV 库进行图像信息数据转换、数据预处理和特征提取等图像处理后，识别出设备的颜色及形状大小	机器视觉货物分拣	机器视觉的分拣系统
6	系统借鉴	北京邮电大学学位论文：《物联网资源管理服务关键技术研究》	提出一种通用的基于本体的物联网资源描述模型，实现异构感知设备自适应接入方法	物联网云计算	CEP[1] 系统架构
7	系统借鉴	北京邮电大学学位论文：《基于移动边缘智能的内容分发研究与平台实现》	实现了一种边缘内容存储与分发系统，将 CDN[2] 业务节点下沉到移动网络边缘，适用于分布式海量移动终端内容源	MEC DNS[3] 解析	边缘内容存储与分发系统

注：1. CEP（Complex Event Processing，复合事件处理）。
　　2. CDN（Content Delivery Network，内容分发服务）。
　　3. DNS（Domain Name System，域名系统）。

根据表 4-5 中的文献资料，QC 小组成员萌发出通过部署边缘云使算力下沉，构建边缘与中心云集群协同工作平台,并利用计算机视觉提高资源分配准确度的想法;通过优化 AR 点检设备采集流程,将现实符号的线宽、不透明度等进行统一标记设计,从而降低头显采集设备的时延;由宝钢生产现场上传图像数据到 MEC 服务器进行处理,以达到快速点检的目的。为此,QC 小组提出本次活动的课题为《研究算力网络下的 5G+AR 设备快速点检新方法》。

三、设定目标及目标可行性论证

(一)设定目标

根据宝钢对技术指标的明确要求,我们把课题目标值设定为:点检时长小于 15 分钟,点检成功率大于 95%。

(二)目标可行性论证

宝钢将颜色识别和形状识别运用在产品检测中,利用摄像头检测产品的颜色和形状准确率可达到 98% 以上,误差低于 0.2%,能够满足大部分产品测量需求。

AR 摄像头系统流程如图 4-2 所示。

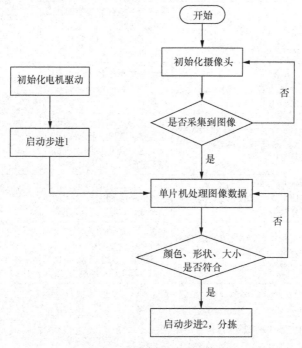

图 4-2 AR 摄像头系统流程

为此，我们借鉴图 4-2 设计了钢厂现场环境标志，并对重要位置的图标进行重新上色等操作。随后在 2021 年 5 月 27 日，在线采集 20 次点检数据，点检成功率测试数据见表 4-6。

表 4-6 点检成功率测试数据

借鉴方案一：20 次点检成功率				
94%	96%	95%	97%	96%
98%	96%	97%	94%	95%
97%	98%	96%	97%	96%
95%	96%	94%	96%	97%

点检成功率的平均值为 96%，超过目标值 95%。AR 点检成功率如图 4-3 所示。

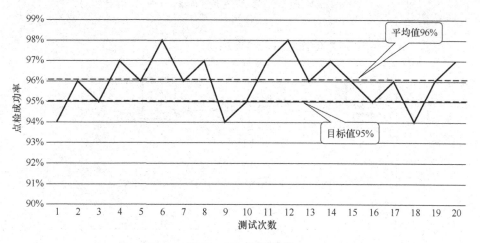

图 4-3 AR 点检成功率

目标符号的线宽等级、不透明度对目标符号反应时长有显著影响。目标符号识别范围如图 4-4 所示，我们可将现实符号的线宽、不透明度等进行统一标记设计，从而降低头显采集设备的反应时延。

随后，QC 小组进一步优化 AR 点检采集流程，并于 2021 年 5 月 29 日在宝钢园区现场收集数据。

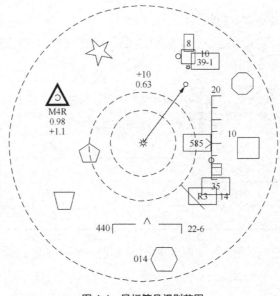

图 4-4　目标符号识别范围

智能 AR 手段采集数据流程如图 4-5 所示。

图 4-5　智能 AR 手段采集数据流程

QC 小组采集了 100 次点检数据，并对点检数据进行排序，点检时长测试数据结果见表 4-7。

表 4-7 点检时长测试数据结果

点检时长/min	点检时长/min	点检时长/min	点检时长/min	点检时长/min
10.60	12.36	12.72	13.13	13.60
10.83	12.37	12.73	13.17	13.70
11.10	12.40	12.76	13.18	13.72
11.11	12.46	12.78	13.19	13.73
11.86	12.49	12.79	13.20	13.73
11.86	12.52	12.82	13.22	13.74
11.90	12.60	12.83	13.22	13.76
12.03	12.62	12.86	13.22	13.79
12.21	12.62	12.86	13.23	13.80
12.21	12.62	12.91	13.28	13.83
12.24	12.63	12.93	13.33	13.83
12.26	12.64	12.93	13.36	13.84
12.28	12.66	12.94	13.45	13.87
12.28	12.66	12.96	13.46	13.88
12.28	12.68	13.05	13.51	13.90
12.29	12.69	13.06	13.51	14.23
12.30	12.70	13.06	13.52	14.27
12.34	12.71	13.06	13.52	14.78
12.36	12.72	13.07	13.53	15.01
12.36	12.72	13.10	13.57	15.02

由表 4-7 可知，除了两个点略超过 15 分钟，绝大部分点检时长均小于 15 分钟，说明目标可行。

四、提出方案并确定最佳方案

（一）提出总体方案

QC 小组成员根据借鉴的技术和方法，展开了充分讨论，最终提出了以下两种方案。

方案一：基于远端算力资源云服务平台方案，搭建 CEP 框架，将算力资源云平台部署在服务提供商处,数据提取后上传至远端服务器进行处理后回传到现场进行分析,方案一创新采用了远端算力资源部署易拓展的云系统。方案一架构如图4-6所示。

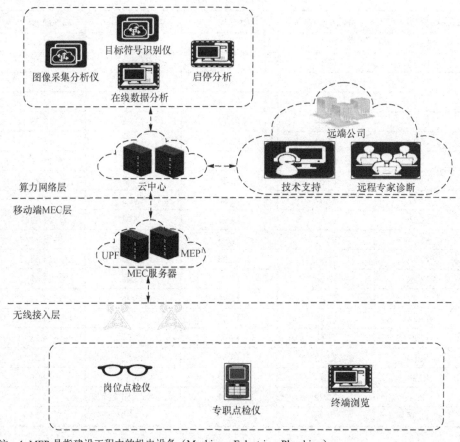

注:1. MEP 是指建设工程中的机电设备(Machine、Eelectric、Plumbing)。

图 4-6　方案一架构

方案二:基于 MEC 的分布式云服务平台方案,搭建边缘内容存储与分发系统,将云计算资源部署在客户自有机房,现场采集数据回传至云服务平台。方案二创新采用了本地 MEC 实现云计算和存储资源协同调度,可实现数据不出园区并快速完成点检。方案二架构如图 4-7 所示。

与方案一不同,方案二将云计算资源部署在宝钢园区机房的 MEC 设备上,现场采集数据回传至云服务平台可快速响应,优势在于数据不出园区并快速完成点检。

为了确定最优方案,我们从性能分析、分流规则、部署方式、部署周期和投入成本5个维度进行对比。

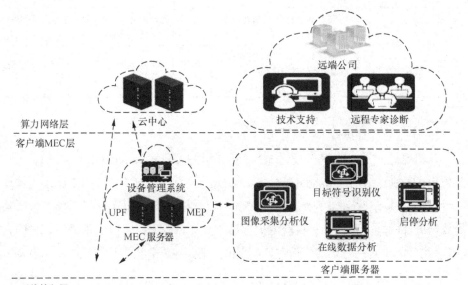

图 4-7 方案二架构

两种方案的多维度评价方式见表 4-8。

表 4-8 两种方案的多维度评价方式

	评价维度	构造实验环境	评价标准
1	性能分析	MEC 模拟服务器进行端到端的性能测试	对比上、下行速率及到达核心网的时延:上行速率 60Mbit/s,下行速率 500Mbit/s,时延 25ms
2	分流规则	应客户需求对用户数据进行安全性测试	对比不同方案对数据安全性保护及部署灵活性等进行优选

续表

	评价维度	构造实验环境	评价标准
3	部署方式	模拟搭建旁路与支路部署方式的实验环境	对比两种方案的部署流程,优选可满足弹性扩容需求的方式
4	部署周期	对不同方案进行模拟部署,统计周期时长	分别对比两种方案单总线/多总线,单部署/多部署的周期,两者取其优
5	投入成本	模拟部署完成后,在模拟环境下统计不同方案在不同方面的经济成本	对比不同方案软、硬件及部署维护成本统计,两者取其优

1. 性能分析对比

从组网方式看,方案一采用 5G 非独立组网(Non-Standalone,NSA),方案二采用 5G 独立组网(Standalone,SA)。QC 小组于 2021 年 6 月 12 日采用深度神经网络(Deep Neural Network,DNN)专网卡在宝钢园区模拟现场点检采集的数据进行回传,并从云平台获取处理后的数据进行上、下行速率测试,同时,QC 小组又测试两种方案的传输时延。两种方案的性能分析数据测试结果见表 4-9。

表 4-9 两种方案的性能分析数据测试结果

序号	方案一			方案二		
	上行峰值速率/ $Mbit \cdot s^{-1}$	下行峰值速率/ $Mbit \cdot s^{-1}$	时延/ms	上行峰值速率/ $Mbit \cdot s^{-1}$	下行峰值速率/ $Mbit \cdot s^{-1}$	时延/ms
1	72	622	19	75	643	18
2	79	611	18	73	601	17
3	74	621	19	74	632	17
4	78	596	20	73	602	19
5	72	612	21	70	592	21
6	70	632	22	79	615	19
7	80	616	21	79	653	20
8	75	655	19	72	620	19
9	74	641	19	72	632	18
10	76	622	18	70	633	19
11	74	598	19	77	611	20
12	71	621	21	78	589	19
13	74	588	20	79	602	20
14	71	619	18	75	587	17

续表

序号	方案一			方案二		
	上行峰值速率/Mbit·s^{-1}	下行峰值速率/Mbit·s^{-1}	时延/ms	上行峰值速率/Mbit·s^{-1}	下行峰值速率/Mbit·s^{-1}	时延/ms
15	73	612	19	74	604	18
均值	**74.2**	**617.7**	**19.5**	**74.7**	**614.4**	**18.7**

两种方案上、下行峰值速率对比如图 4-8 所示。

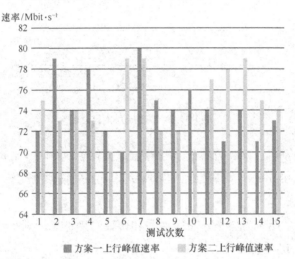

(a) 上行峰值对比

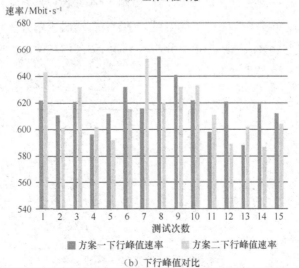

(b) 下行峰值对比

图 4-8 两种方案上、下行峰值速率对比

两种方案传输时延对比如图 4-9 所示。

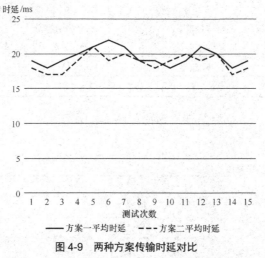

图 4-9　两种方案传输时延对比

测试结果表明，两种方案的上行峰值速率均值大于 70Mbit/s，下行峰值速率均值大于 600Mbit/s，两种方案的终端 AR 设备采集数据到核心网的传输时延均值低于 20ms。

结论：以上两种方案上、下行速率和传输时延性能均满足要求。

2. 分流规则方案选择

根据用户业务流特征，UPF 网元将访问本地网络的业务流分流到本地服务器，避免流量迂回，降低用户访问时延。QC 小组提出了两种供选择的方案，方案一采用多宿主 PDU 会话（BP）分流，方案二采用 UL-CL 上行分流。两种分流规则架构对比如图 4-10 所示。

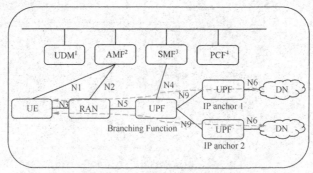

(a) 方案一：多宿主PDU会话（BP）分流

图 4-10　两种分流规则架构对比

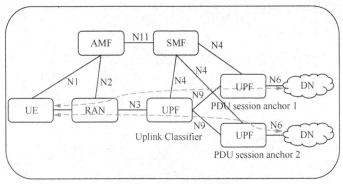

(b)方案二：UL-CL 上行分流

注：1. UDM（Unified Data Management，统一数据管理）。
2. AMF（Authentication Management Function，认证管理功能）。
3. SMF（Session Management Function，会话管理功能）。
4. PCF（Point Coordination Function，总协调功能）。

图 4-10　两种分流规则架构对比（续）

QC 小组对这两种方案做了对比，两种方案分流规则配置对比结果见表 4-10。

表 4-10　两种方案分流规则配置对比结果

评价维度	多宿主 PDU 会话分流	UL-CL 上行分流
IP 地址数	2 个	1 个
是否需要感知数据	是	否
是否需要终端支持	是	否
是否需要根据源 IP 配置路由	是	否

从表 4-10 可知，UL-CL 上行分流只需要分配一个 IP 地址就能够完成配置，且不需要相应终端支持及数据感知，配置更为简便灵活，因此方案二更优。

3. 部署方式方案选择

在部署方式上，QC 小组提出了两个方案，方案一为旁路部署，方案二为直路部署。两种方案部署方式拓扑如图 4-11 所示。

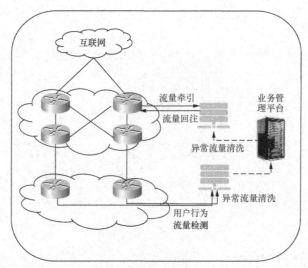

(a)方案一：旁路部署

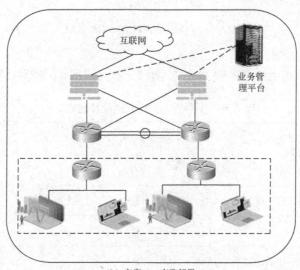

(b)方案二：直路部署

图 4-11　两种方案部署方式拓扑

从图 4-11 可以看出，方案一的业务管理平台直接部署于本地服务器，其内存在配置前已设定好，若需要满足临时扩容需求，则要提前进行内存扩容；而方案二采用直路部署方式，业务管理平台可以支持虚拟机弹性伸缩功能的部署。

结论：通过两个方案的对比分析，方案二可以满足弹性编排和扩缩容的要求，因此，方案二更优。

4. 部署周期对比

在测试阶段，两种方案采用单服务器部署。但是在应用阶段，需要部署多服务器。方案一只能在云端部署应用，方案二可以在云端和 MEP 服务器同时部署应用。

两种方案部署周期对比如图 4-12 所示。从图中可知，方案一部署单个应用需要 13.2 天，部署多个应用需要 13.2 天；方案二部署单个应用时长为 15.3 天，部署多个应用时长仅为 5.2 天。

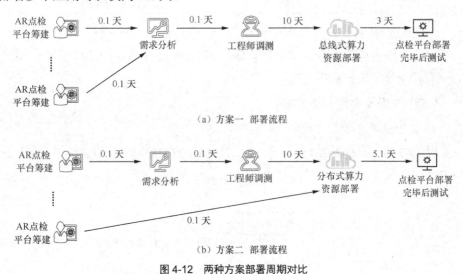

(a) 方案一 部署流程

(b) 方案二 部署流程

图 4-12 两种方案部署周期对比

结论：方案二部署多应用时，时间更短。

5. 投入成本对比

QC 小组测算了两个方案的软硬件的投入成本和网络部署、维护的成本。两种方案开发成本对比见表 4-11。

表 4-11 两种方案开发成本对比

方案	硬件成本/万元	软件成本/万元	网络部署/万元	网络维护/万元	总成本/万元
方案一	380	121	135	103	739
方案二	472	124	116	57	769

结论：方案一的总成本是 739 万元，方案二的总成本是 769 万元，两种方案的成本相差不大。

6. 两种方案综合对比

两种方案对比结果见表 4-12。

表 4-12 两种方案对比结果

评价维度	方案一	方案二
性能分析	端到端测试符合规范	端到端测试符合规范
分流规则	安全部署常规化	安全部署灵活
部署方式	不满足弹性编排和扩容	满足弹性编排和扩容
部署周期	多应用部署周期长	多应用部署周期短
投入资金	739 万元	769 万元

结论：综合以上 5 个维度对比，QC 小组选择方案二，即选择了基于 MEC 的分布式云服务平台总体方案。

(二) 提出及确定分级方案

1. 提出分级方案

针对方案二：基于 MEC 的分布式云服务平台总体方案，QC 小组成员提出了多种细化方案。方案二的分级方案如图 4-13 所示。

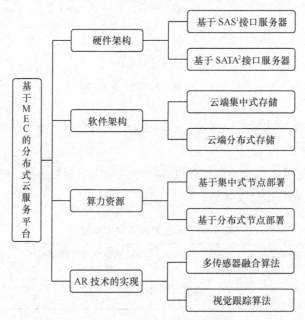

图 4-13 方案二的分级方案

注：1. SAS（Serial Attached SCSI，一种计算机集线的技术）。
2. SATA（Serial ATA，一种计算机总线）。

2. 分级方案的评价选择

1）硬件架构中接口服务器的选择

硬件架构中的接口硬盘主要有 SAS 和 SATA 两种选择，硬件架构的分级方案如图 4-14 所示。

图 4-14　硬件架构的分级方案

我们对比两种服务器在 4kbit/s 数据包下的顺序/随机读写性能，两种硬盘接口测试结果对比见表 4-13。

表 4-13　两种硬盘接口测试结果对比

测试项	方案一：SATA		方案二：SAS	
	速度/Mbit·s^{-1}	IOPS/kbit·s^{-1}	速度/Mbit·s^{-1}	IOPS/kbit·s^{-1}
顺序读	124	31	190	41
顺序写	118	31	190	36
随机读	466	114	1784	456
随机写	548	134	1950	512

测试结果显示：无论是顺序读写还是随机读写，方案二都优于方案一，因此，QC 小组选择方案二。

2）软件架构——云服务平台选择

对于软件架构中的云服务平台，我们有云端集中式存储和云端分布式存储两种架构供选择。软件架构的分级方案如图 4-15 所示。

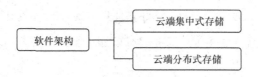

图 4-15　软件架构的分级方案

不同软件架构分级方案的拓扑结构如图 4-16 所示。

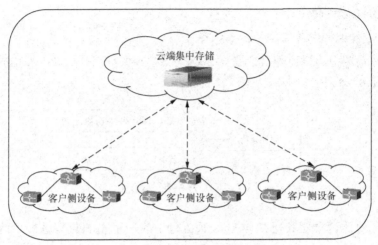

方案一：云端集中式存储架构

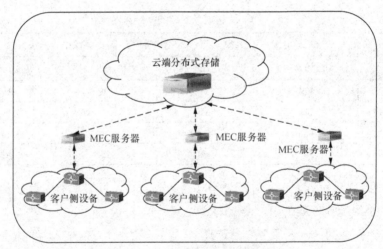

方案二：云端分布式存储架构

图 4-16　不同软件架构分级方案的拓扑结构

图 4-16 中，方案一采用集中式存储架构，存储与计算分离，方案二采用分布式存储架构，数据分散存储在多台 MEC 服务器的硬盘里，通过逻辑级联统一管理。

考虑到系统断电或网络故障等异常情况下，两种方案可能存在数据丢失或受到其他影响，QC 小组对两种方案的可靠性进行了 20 次测试。两种软件架构分级方案可靠性测试结果对比见表 4-14。

表 4-14　两种软件架构分级方案可靠性测试结果对比

方案一的可靠性		方案二的可靠性	
90.82%	92.81%	95.81%	95.81%
90.82%	92.81%	95.81%	97.8%
91.82%	90.82%	97.80%	95.81%
95.81%	93.81%	95.81%	95.81%
89.82%	93.81%	97.8%	96.81%
95.81%	96.81%	98.80%	93.81%
95.81%	94.81%	96.81%	98.80%
90.82%	94.81%	96.81%	97.8%
92.81%	90.82%	95.81%	93.81%
89.82%	89.82%	97.80%	95.81%

两种软件架构可靠性对比如图 4-17 所示。

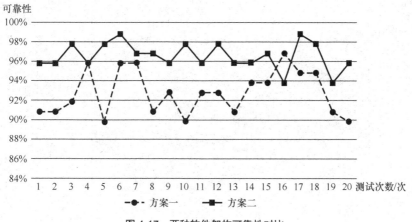

图 4-17　两种软件架构可靠性对比

从测试结果可知，方案二：云端分布式存储架构的可靠性更优。

结论：我们选择方案二：云端分布式存储架构为最优方案。

3）算力资源——节点部署方式

算力资源节点部署有集中式节点部署和分布式节点存储两种方式。算力资源部署方式对比如图 4-18 所示。

图 4-18　算力资源部署方式对比

算力节点部署方式的拓扑结构如图 4-19 所示。

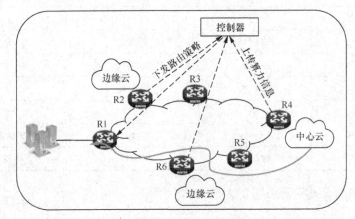

（a）方案一：集中式节点部署

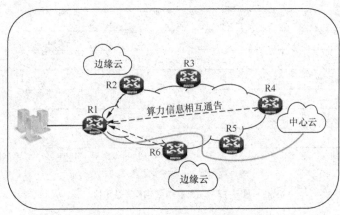

（b）方案二：分布式节点部署

图 4-19　算力节点部署方式的拓扑结构

如图 4-19 所示，算力资源中路由节点部署有方案一：集中式节点部署和方案二：分布式节点部署两种方案。方案一基于控制器进行调度，由节点上报算力能力；方案二：基于分布式节点进行调度，由路由扩散算力。

QC 小组在算力网络实验网进行 400 次仿真求平均值后得到以下数据。两种算力节点部署分级方案调度算法性能测试结果对比见表 4-15。

表 4-15　两种算力节点部署分级方案调度算法性能测试结果对比

用户数/个	方案一		方案二	
	时延/s	系统平均每小时代价/元·Gbit/s	时延/s	系统平均每小时代价/元·Gbit/s
20	2.25	5.2	2.18	3.2
40	3.36	6.8	2.86	3.5
60	3.85	8.1	3.39	3.6
80	4.12	10	3.83	3.8

两种方案时延对比如图 4-20 所示。两种方案系统平均代价对比如图 4-21 所示。

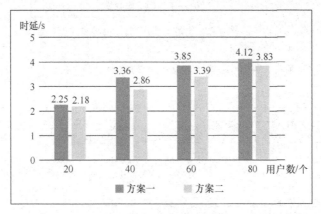

图 4-20　两种方案时延对比

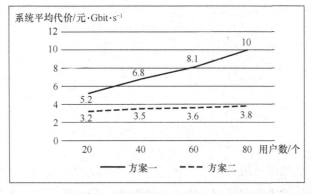

图 4-21　两种方案系统平均代价对比

测试结果表明，随着用户数的变化，方案二：分布式部署的时延与系统平均代价均优于方案一。

结论：QC 小组选择方案二：分布式部署为最优方案。

4）AR 技术实现——识别算法选择

AR 技术中目标识别算法需要考虑系统的冗余度和容错性，从而保证实现决策的快速性和正确性。当前，满足需要的算法有多传感器融合算法对图像处理和视觉跟踪算法对图像处理两种方案。两种实现 AR 技术的算法如图 4-22 所示。

图 4-22　两种实现 AR 技术的算法

两种算法对图像处理的流程如图 4-23 所示。

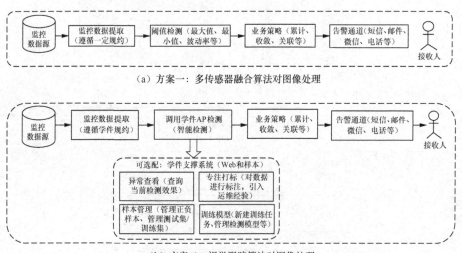

图 4-23　两种算法对图像处理的流程

方案一：多传感器融合算法对图像处理从数据源处依次对数据进行采集、检测，后续进行业务策略关联，对于识别到的现场环境，实时生成相关告警，并告知接收人进行处理。方案二：视觉跟踪算法采用 Sobel 微分子对图像进行边缘检测，其核心算法并结合高维函数对给定图像进行特征值提取，从而实现对目标轮廓的跟踪。两种核心算法对图像处理结果如图 4-24 所示。

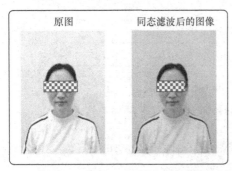 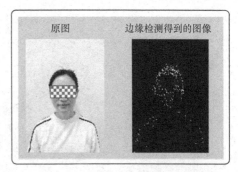

（a）方案一的效果　　　　　　　　　　　（b）方案二的效果

图 4-24　两种核心算法对图像处理效果对比

接下来，我们对两种算法求解时长进行 30 次测试，两种算法求解时长对比见表 4-16。

表 4-16　两种算法求解时长对比

多传感器融合算法求解时长/s/天			视觉跟踪算法求解时长/s/天		
0.22	0.21	0.22	0.277	0.259	0.258
0.2	0.23	0.2	0.274	0.263	0.27
0.21	0.24	0.23	0.257	0.268	0.271
0.21	0.22	0.23	0.274	0.257	0.254
0.21	0.22	0.2	0.27	0.266	0.254
0.23	0.23	0.2	0.267	0.275	0.274
0.2	0.24	0.2	0.265	0.278	0.262
0.23	0.22	0.2	0.262	0.259	0.262
0.24	0.21	0.21	0.266	0.266	0.255
0.2	0.2	0.23	0.256	0.276	0.266

两种算法求解时长对比如图 4-25 所示。

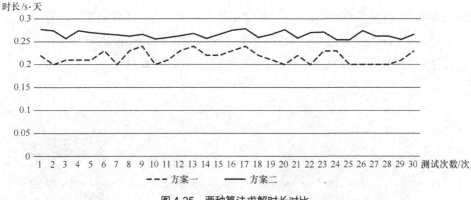

图 4-25 两种算法求解时长对比

同时，我们得到两种算法 30 次的平均误差对比见表 4-17。

表 4-17 两种算法 30 次的平均误差对比

类型	统计数/次	平均误差
多传感器融合算法	30	0.14%
视觉跟踪算法	30	0.34%

两种算法平均误差对比如 4-26 所示。

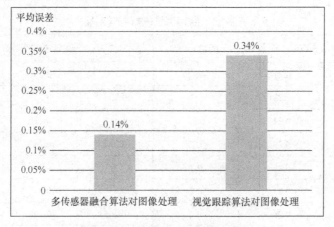

图 4-26 两种算法平均误差对比

从以上测试结果可以看出，方案一：多传感器融合算法对图像处理求解时间更短，算法平均误差更低。

结论：方案一：多传感器融合算法对图像处理为最优方案。

（三）确定最佳方案

最佳方案如图 4-27 所示。

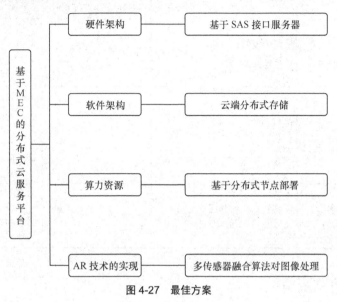

图 4-27　最佳方案

五、制定对策

QC 小组根据最佳方案，按照"5W1H"要求制定对策表，见表 4-18。

表 4-18　对策表

序号	对策（What）	目标（Why）	地点（Where）	负责人（Who）	时间（When）	措施（How）
1	基于 SAS 接口服务器	系统稳定上线指标>99.5%	宝钢	×××	2021 年 11 月	硬件搭建后，采用正交实验选择满足园区数据链路 KPI 的参数配置
2	云端分布式部署	• 梳理云端分布式部署流程，并注册成功 • MEP 侧安装客户服务器 • 云端加载成功率达成 100%	宝钢	×××	2021 年 11 月	• 按照分布式部署流程配置相关参数，完成参数配置并注册 • 按照客户要求，在 MEP 服务器端安装相应服务器 • 测试云端分布式部署应用的加载成功率

续表

序号	对策（What）	目标（Why）	地点（Where）	负责人（Who）	时间（When）	措施（How）
3	基于分布式节点部署	• 算法收敛 • 计算误差<8%	宝钢	×××	2021年12月	• 路由调度策略配置 • 记录算法的效率
4	多传感器融合算法	随机抽样，异常数据识别率可达98%	宝钢	×××	2021年12月	• 搭建识别应用模块 • 数据对接 • 采用多传感器融合算法进行图像处理 • AR点检模块调试与运行
5	系统整合试运行	上述4个对策依次执行后，系统运行稳定性达到100%	宝钢	×××	2021年12月	• 4个对策整合部署，系统调测运行 • 验证整合后的系统可行性

六、对策实施

根据以上对策计划，QC 小组成员制定了实施流程图并按步执行，实施流程如图 4-28 所示。

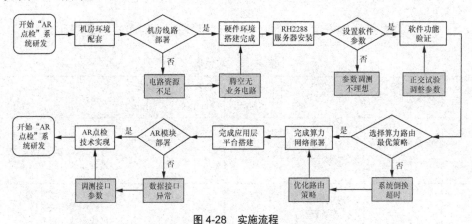

图 4-28 实施流程

（一）部署 SAS 接口服务器

宝钢平台接入要求：园区独享 MEC 建成后，MEC 侧即可部署应用。硬件部署规划示意如图 4-29 所示。

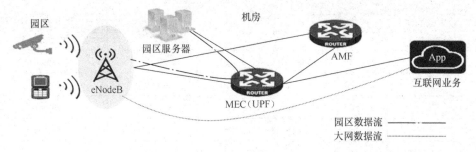

图 4-29　硬件部署规划示意

该园区数据链路质量涉及 4 个重要参数，为了减少实验次数，QC 小组决定采用正交试验法优选相关参数。

① 实验目的：业务并发成功率阈值＞98.5%。

② 确定因素：时延 A、丢包率 B、抖动 C、带宽 D。各个因素的具体含义见表 4-19。

表 4-19　各个因素的具体含义

参数名称	参数说明
时延（ms）	报文从网络的一端到另一端所需要的时间
丢包率（%）	丢失数据包数量占所发送数据包的比率
抖动（ms）	最大时延与最小时延的时间差
带宽（Mbit/s）	单位时间内从网络中的某一点到另一点所能通过的"最高数据率"

因素水平见表 4-20。

表 4-20　因素水平

因素	时延 A/ms	丢包率 B	抖动 C/ms	带宽 D/Mbit·s^{-1}
1	50	0.10%	10	50
2	55	0.15%	15	70
3	60	0.20%	20	100

选用正交表：选用 $L_9(3^4)$ 正交表，共做 9 次试验，将参数组合带入仿真软件进行测试，正交试验结果见表 4-21。

表 4-21 正交试验结果

试验号	因素				实验结果 业务并发成功率
	时延 A/ms	丢包率 B	抖动 C/ms	带宽 D/Mbit·s^{-1}	
1	1（50）	1（0.10）%	3（20）	2（70）	92%
2	2（55）	1%	1（10）	1（50）	94%
3	3（60）	1%	2（15）	3（100）	90%
4	1	2（0.15）%	2	1	88%
5	2	2%	3	3	98%
6	3	2%	1	2	93%
7	1	3（0.20）%	1	3	99%
8	2	3%	2	2	91%
9	3	3%	3	1	94%
I=水平 1 之和	279	276	286	276	
II=水平 2 之和	283	279	269	269	I+II+III=839
III=水平 3 之和	277	284	284	287	
极差 R	6	8	17	18	

试验结果分析如下。

看一看：7 号试验数据业务并发成功率最高，为 99%，试验条件为 A1B3C1D3。

算一算：根据水平之和比较，最优组合为 A2B3C1D3。

"看一看"与"算一算"结果不一致，虽然"看一看"的试验结果已经满足了 98.5% 的指标要求，但"算一算"在 9 个实验中没有出现过，因此，QC 小组决定按照"算一算"的好条件追加 3 次试验，追加试验结果见表 4-22。

表 4-22 追加试验结果

试验条件	第一次试验结果	第二次试验结果	第三次试验结果
A2B3C1D3	100%	99.98%	100%

从以上 3 次补充实验的结果看，"算一算"的结果优于"看一看"，因此选择"算一算"的 A2B3C1D3 的参数组合，最优参数组合见表 4-23。

表 4-23 最优参数组合

时延 A/ms	丢包率 B	抖动 C/ms	带宽 D/Mbit·s^{-1}
55	0.20%	10	100

（二）云端分布式存储

云端分布式存储需要实现自动化配置工具的安装和注册，云端分布式存储部署流程如图 4-30 所示。

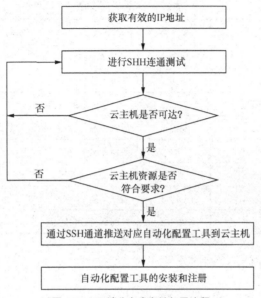

图 4-30　云端分布式存储部署流程

为了满足虚拟机创建等功能，数据分布式存储部署框架如图 4-31 所示。

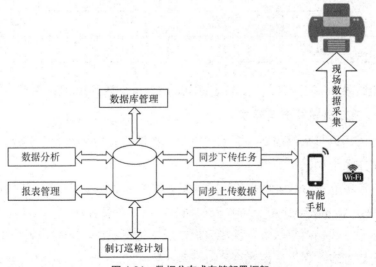

图 4-31　数据分布式存储部署框架

我们再按照客户应用需求，在 MEP 服务器端依次安装相应的服务器，服务器安装见表 4-24。

表 4-24　服务器安装

服务器	中间件	功能
前端服务器	nginx	部署运维系统
前端服务器	nginx	部署大屏
后台应用服务器	jdk1.8	后台微服务服务器
数据处理服务器	jdk1.8	后台资源、性能、故障等数据处理服务器
数据库服务器（MySQL）	8.0	数据库服务器
缓存服务器（Redis）	5.0.7	缓存文件服务器
采集服务器	jdk1.8	数据采集
接口服务器	jdk1.8	外部系统接口对接

云端分布式存储部署性能分析见表 4-25。

表 4-25　云端分布式部署性能分析

部署网元	部署时长/min	部署时长目标值/min	加载成功率	加载成功率目标值
UPF	150	180	100%	100%
MEC	210	220	100%	100%
AMF	180	200	100%	100%

实施结果：云端分布式存储部署成功，成功率均达到 100%，对策目标达成。

（三）基于分布式节点部署

算力网络编排系统需要判断不同位置终端的移动性从而进行资源分配，算力网络编排系统如图 4-32 所示。

我们采用单基站基于贪心的码率分配算法和多基站基于多波束辐射计天线（Multi-Beam Radiometer Antenna，MBRA）的码率分配算法。

接下来，我们对算法进行性能分析，通过仿真评估，MBRA 算法能在较短的时间内较好地实现用户接入决策和码率分配。

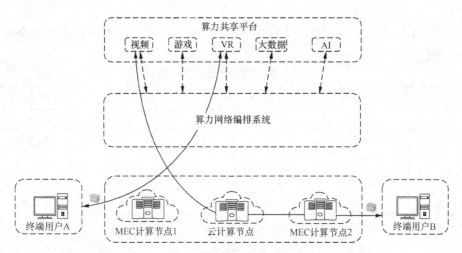

图 4-32 算力网络编排系统

算力资源分配算法性能分析如图 4-33 所示。

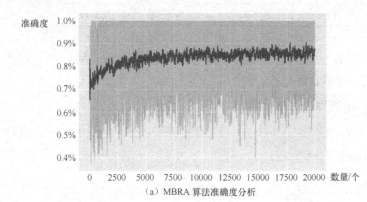

（a）MBRA 算法准确度分析

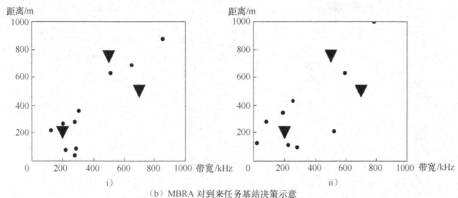

（b）MBRA 对到来任务基站决策示意

图 4-33 算力资源分配算法性能分析

2021年8月8日,QC小组在园区测试20次,算法误差测量结果见表4-26。

表4-26 算法误差测量结果

序号	求解时间/s·天	平均误差率	序号	求解时间/s·天	平均误差率
1	0.0740	5.870%	11	0.0628	3.990%
2	0.0628	5.586%	12	0.0314	5.586%
3	0.0628	3.990%	13	0.0628	6.384%
4	0.0314	5.586%	14	0.0628	4.788%
5	0.0628	3.192%	15	0.0628	3.192%
6	0.0314	3.990%	16	0.0314	5.586%
7	0.0628	6.384%	17	0.0314	6.384%
8	0.0314	5.586%	18	0.0314	3.990%
9	0.0628	3.192%	19	0.0628	6.384%
10	0.0314	3.990%	20	0.0314	3.990%

实施结果：通过上述实验,MBRA分配算法每次测试误差率均小于8%,达到预期目标值,对策目标达成。

（四）多传感器融合算法的实施

QC小组采用5G+云+AR技术,在MEC完成图像识别分析,算力资源分配算法性能分析如图4-34所示。

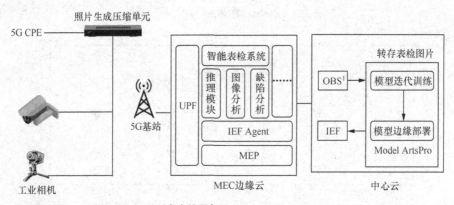

注：1. OBS（Object Storage Service,对象存储服务）。

图4-34 算力资源分配算法性能分析

我们进一步梳理传感器数据采集流程和 AR 点检摄像头数据处理流程，AR 传感器数据采集流程如图 4-35 所示。

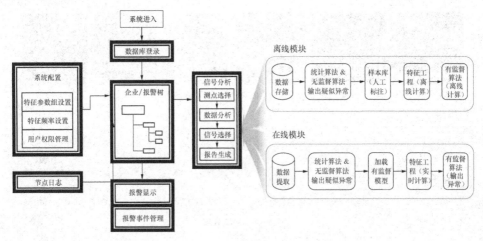

图 4-35　AR 传感器数据采集流程

考虑确保数据回传的准确率，我们定制了离线模块和在线模块，进一步优化了 AR 分拣流程，传感器数据处理示意如图 4-36 所示。

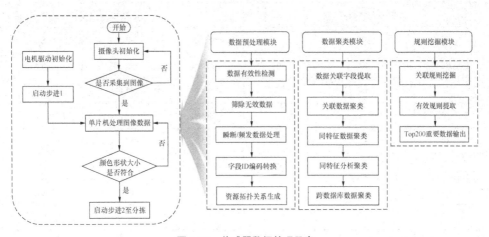

图 4-36　传感器数据处理示意

2021 年 8 月 20 日～27 日，QC 小组成员通过数据预处理模块、数据聚类和规则挖掘模块，采用无监督或者统计判别的方法，极大地把废钢点检异常的范围缩小，性能分析如图 4-37 所示。

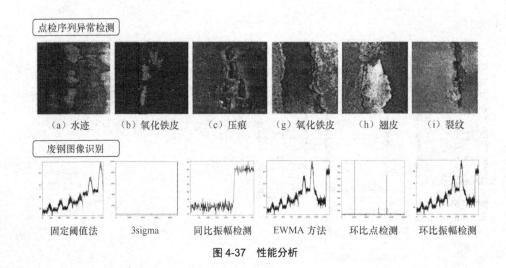

图 4-37　性能分析

随后，我们对提取了一个月的点检数据，点检数据记录见表 4-27。

表 4-27　点检数据记录

点检上传样本/张			识别率		
65	100	44	98.8%	97.8%	97.8%
45	72	70	95.8%	95.8%	95.8%
58	43	33	95.8%	97.8%	97.8%
34	76	39	98.8%	98.8%	98.8%
84	32	95	96.8%	95.8%	95.8%
79	41	82	95.8%	95.8%	95.8%
85	30	30	96.8%	97.8%	97.8%
70	41	60	96.8%	95.8%	98.8%
57	89	80	98.8%	97.8%	95.8%
94	59	50	96.8%	97.8%	95.8%

点检识别率分析如图 4-38 所示。

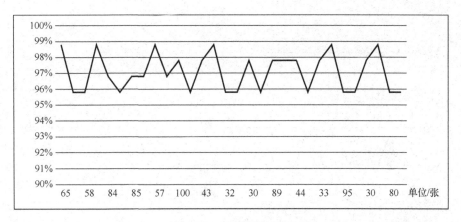

图 4-38 点检识别率分析

实施结果：异常数据点检成功率均远高于 95% 的目标值，对策目标达成。

（五）系统整合试运行

一系列对策实施达成目标后，我们在 2021 年 9 月 4 日～10 月 4 日将各子系统进行整合，并在能源环保和冷轧产线上试运行。同时，我们记录了一个月的 CPU 利用率、内存利用率、磁盘利用率，现场图像异常点检记录见表 4-28。

表 4-28 现场图像异常点检记录

记录日期	CPU 利用率 （目标值≤70%）	内存利用率 （目标值≤70%）	磁盘利用率 （目标值≤70%）
9 月 4 日	42.14%	66.23%	62.34%
9 月 5 日	43.22%	67.92%	63.25%
9 月 6 日	43.11%	67.27%	62.78%
9 月 7 日	41.26%	64.74%	63.51%
9 月 8 日	40.76%	65.76%	61.26%
……	……	……	……
10 月 3 日	41.91%	66.76%	61.43%
10 月 4 日	43.02%	67.28%	63.37%

指标参考：布兰登·格雷格. 性能之巅：洞悉系统、企业与云计算[M]. 徐章宁，吴寒思，陈磊，译. 北京：电子工业出版社，2015.

系统稳定运行率如图 4-39 所示。

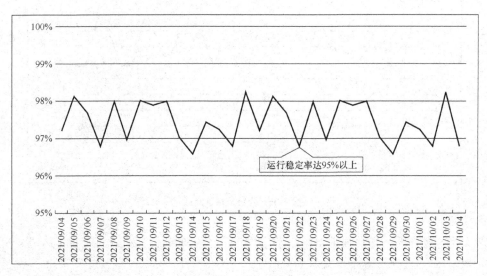

图 4-39　系统稳定运行率

试运行结果显示，CPU 利用率、内存利用率、磁盘利用率均在阈值范围内，同时每日系统稳定运行稳定率均达到 95% 以上，能够满足宝钢日常点检需求。

七、效果检查

（一）检查课题目标

全部对策实施后，QC 小组从 9 月 5 日～10 月 4 日收集了一个月 AR 点检时长和点检成功率数据，活动后一个月点检数据见表 4-29。

表 4-29　活动后一个月点检数据

点检时长/分			点检成功率		
10.00	10.30	12.00	0.99%	0.99%	1.00%
13.70	10.10	10.10	0.97%	0.98%	1.00%
9.50	13.20	11.50	0.99%	0.97%	1.00%
11.00	13.30	12.50	0.97%	0.97%	0.97%
12.40	9.70	13.60	0.97%	0.97%	0.97%
10.10	13.30	12.40	0.96%	0.97%	0.97%

续表

点检时长/分			点检成功率		
9.70	10.60	10.30	0.96%	1.00%	0.98%
11.00	13.00	11.40	1.00%	0.97%	0.96%
12.30	10.80	11.40	0.99%	0.98%	1.00%
12.50	11.40	10.50	0.98%	0.97%	1.00%
点检时长平均值		11.45	点检成功率平均值		0.98%

课题目标的效果检查如图4-40所示。

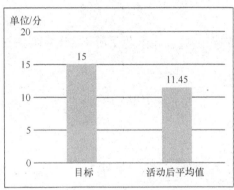
(a) 点检时长与目标对比

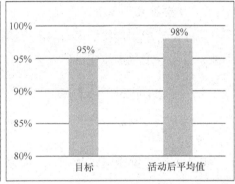
(b) 点检成功率与目标对比

图4-40 课题目标的效果检查

从上图可以看出，点检时长平均值为11.45分钟，实现了小于15分钟的课题目标；点检成功率均值达到98%，大于95%的课题目标，课题目标达成。

（二）经济效益和社会效益的评估

本次课题有效地解决了钢铁企业专家远程指导困难、人工抄表检查设备效率低和纸质单填报不方便保存等问题。宝钢估算出运行该活动成果后，在软、硬件配套、人力支出、远程专家指导和业务损失等方面可每年节约400万元的资金成本。

与此同时，该成果还成为5G+工业互联网应用示范园区，为我国钢铁行业智能化、数值化、网络化和绿色化发展奠定了基础。

八、标准化

（一）推广价值评估

目前，该产品已先行在宝钢园区应用，该系统为 5G+AR 点检实现了设备远程排障，实现点检时长控制在 15 分钟内，点检成功率达到 98%，高于行业标准，成为 5G 智慧钢铁新标杆和活动示范点。

为了对该成果的先进性进行评估，2021 年 12 月，中国移动参与"5G+工业互联网"工作现场会，展示了 5G+AR 点检过程，并让与会专家和评委采用德尔菲技术对该成果进行讨论，与会专家公认该成果具有极大的推广价值。

（二）标准化

为了推广应用，我们编写 AR 点检方案、AR 点检规范手册和 AR 点检指导手册，并将该成果在全国推广。

九、总结和下一步打算

（一）总结

QC 小组成员通过这次活动，实现了六大创新。六大创新如图 4-41 所示。

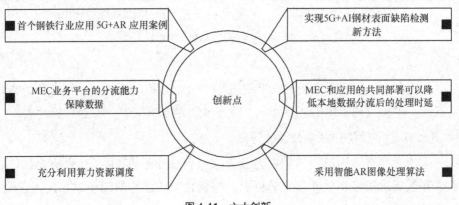

图 4-41　六大创新

除去以上创新点，该项目也存在部分不足之处，当前还处于实施的初期阶段，只能满足部分特定的点检环境，还无法应对多种突发状况，此种情况下还需人工判断。

QC 小组成员活动前后能力总结如图 4-42 所示。

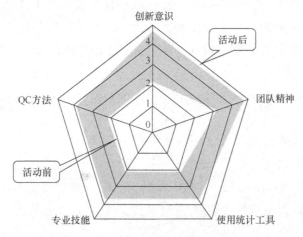

图 4-42　QC 小组成员活动前后能力总结

此外，QC 小组成员多个方面的能力也得到了较大的提升。

AR 智能点检构想如图 4-43 所示。

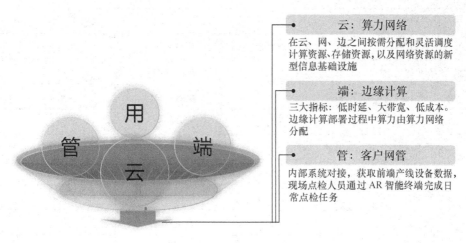

图 4-43　AR 智能点检构想

福建移动牵头打造"端—管—云—用"一体化解决方案，助力宝钢向生产数字化、网络化、智能化转型。

（二）下一步打算

目前，智慧工厂还存在痛点：①一些钢材表面检测工序还依赖人工，工作效率低；②单机的AI表面缺陷检测成本高、算法更新慢。为此，我们下一步的课题是"研究基于算力网络的5G+云+AI缺陷检测新方法"。

案例二　研究一种实时监测桥梁位移的新方法

中国移动通信集团广西有限公司
"联合工匠"QC小组

"联合工匠"QC小组共有8名成员组成，QC小组成立了由公司领导指定的"创新工作室"，其是以解决实际生产问题为目的，开展创新工作并输出创新成果的基地。

"联合工匠"QC小组概况见表4-30。

表4-30　联合工匠QC小组概况

小组名称	广西移动"联合工匠"QC小组		
活动课题	研究基于5G+桥梁位移实时监测的新方法		
课题类型	创新型	活动时间	2021年1月~11月
姓名	性别	文化程度	组内分工	组内职务
邓小梅	女	研究生	课题管理	组长
卫慧锋	男	本科	课题实施	组员
陈阳	男	研究生	课题指导	组员
邓雄巍	男	研究生	课题指导	组员
万新华	男	本科	课题实施	组员
韦涵瀚	女	研究生	课题实施	组员
曾超	男	研究生	课题调查	组员
庞春俊	男	研究生	课题实施	组员

名词解释：

① 桥梁位移实时监控：桥梁位移包括主梁和基础位移等，通过传感器监测桥梁的位移变化，实时回传数据，这好比给桥梁安装了心电图监测仪，24小时

实时监测。在出现异常时，医生会在第一时间收到预警信息。

② 边缘计算：将云计算能力下沉到靠近用户侧，提供本地边缘计算服务，满足行业在低时延等方面的要求，这好比爱奇艺等视频内容缓存到本地服务器，使播放更流畅。

③ 网络切片：基于不同的业务对网络进行切片，各司其职，这好比在"通信道路"上修建立交桥，立交桥有很多层，对不同用户分流。

一、选择课题

（一）客户需求

广西交科集团有限公司计划对大桥进行远程监测，实现桥梁位移实时监测管理。本次要监测的桥梁为大冲邕江特大桥，该桥于 2014 年建成通车，全长 888 米，主跨 332 米。

当前，高频位移监测数据传输存在以下两个痛点。

痛点 1：有线网络架线难。 桥梁上的监控点位使用有线网络连接，桥梁特殊架线及后期监测、维护保养均很困难。

痛点 2：4G 和 Wi-Fi 不满足时延要求。 现有 4G 无线网时延超过 45ms，Wi-Fi 时延 37ms，均不满足桥梁位移高频监测数据实时传输要求。

交通集团为实现对主梁位移、地基变形和深部位移等部位的监测，提出了两个需求。

需求 1：网络无线化。 使用无线网络实现桥梁多个监测点位的部署。

需求 2：网络时延低。 广西交科集团要求桥梁位移数据传输频率在 40Hz 以上，即 25ms 传输一次数据。

QC 小组根据客户的需求，通过广泛借鉴，寻找解决方案。

（二）广泛借鉴

QC 小组知道 5G 无线网络技术可满足网络低时延要求，但是，如何具体实现，QC 小组以"5G 无线、端到端、低时延"为关键词，收集国内外前沿文献及相关技术规范等渠道信息，关注关键技术点、技术的优缺点，总结可借鉴点，启发 QC 小组的创新思路。

广泛借鉴的相关内容见表 4-31。

表 4-31 广泛借鉴的相关内容

借鉴文献	借鉴文献 1：面向 5G 的无线侧网络切片发展与研究	借鉴文献 2：5G 专网业务能力需求及端到端网络技术实现
方案原理	5G 网络无线侧通过网络切片隔离不同业务，从而避免公共网络拥塞对专用业务的影响。类似于火锅，将之前单一的大锅划分为九宫格，使用同样的一口锅和火炉，划分后的每个小格可以烹饪不同的食材。从"大锅炖"到"小锅煮"，满足不同的"口味"需求	在边缘节点提供用户所需服务和计算功能的网络架构，通过 UPF 下沉，降低网络时延。类似于京东物流增加"本地仓"后，可以快速送货，MEC 相当于移动通信系统中的"本地仓"
方案架构	（架构示意图）	（架构示意图）
关键技术点	网络切片	边缘计算+节点下沉
技术优点	• 将物理资源根据场景虚拟化为多个平行的网络切片 • 每个网络切片有完整的端到端网络且逻辑上独立 • 不同切片业务重组物理资源，优先提供需求，降低网络时延	• 边缘计算服务器与 UPF 节点合设 • 用户面功能下沉到用户侧 • 识别本地业务到本地边缘计算服务器，有效降低网络时延
技术缺点	组网复杂、现网改造困难、新增边缘计算服务器	多个业务部署多个边缘计算服务器、后期维护困难
可借鉴点	重组物理资源，优先保障高优先级业务资源需求，避免拥塞导致的调度慢，缩短无线侧时延	云计算能力下沉到靠近数据源的边缘，数据在本地实现存储和处理，缩短传输时延和减少时延抖动
借鉴文献方案效果	端到端时延：23ms	端到端时延：21ms
借鉴总结	以上两种方案均满足网络低时延的要求，但存在组网复杂、改造困难等问题。因此，QC 小组借鉴了方案一中网络切片和方案二中边缘计算、节点下沉等技术，用于后续新方案的研究	

根据借鉴思路，QC 小组确定将《研究一种实时监测桥梁位移的新方法》作为本次 QC 活动的课题。

二、设定目标及目标可行性论证

（一）设定目标

QC 小组从课题需求出发，基于中国移动 5G 垂直行业项目交付标准，将桥梁位移实时监测数据回传时延目标设置为小于 25ms。桥梁监测系统回传时延示意如图 4-44 所示。

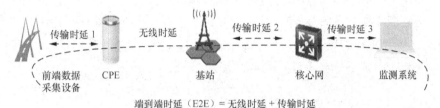

图 4-44　桥梁监测系统回传时延示意

注：1. CPE（Customer Premise Equipment，客户前置设备）。

（二）目标可行性论证

QC 小组对设定的课题目标进行了可行性论证。

1. 借鉴类比分析

QC 小组对借鉴文献中实现的方案进行分析，借鉴文献 1 的时延结果为 23ms，借鉴文献 2 的时延结果为 21ms，借鉴的两种方案时延均低于 25ms，初步认定目标可行。

2. 实验定量分析

为进一步验证实验目标的可行性，QC 小组使用借鉴方法，并融合用户面下沉、业务分流等技术进行模拟实验，联合华为在其 5G 实验室搭建平台进行测试。时延结果统计见表 4-32。

表 4-32　时延结果统计

时延结果	小于 25ms（低）	25～50ms（一般）	大于 50ms（高）
样本数/个	19493	956	242
样本占比	94%	5%	1%
平均时延/ms	15.4		

综上，不仅借鉴的方法能够满足时延的要求，使用借鉴方法，并融合用户面下沉、业务分流等技术进行模拟实验的结果更优，因此，本次课题设定目标

时延≤25 ms 是可行的。

三、提出方案并确定最佳方案

（一）提出总体方案

QC 小组根据借鉴结果，提出两个技术独立的总体方案。

方案一：基于网络分流的 UPF 下沉方案

借鉴点：本方案借鉴《5G 专网业务能力需求及端到端网络技术实现》中的 MEC 边缘计算和用户面节点下沉技术部署 ULCL（上行分类器）UPF。

方案一：数据分流示意如图 4-45 所示。

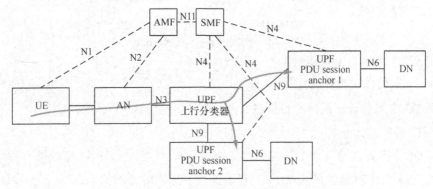

图 4-45　方案一：数据分流示意

核心创新点：通过分流，UPF 将本地业务和公网业务进行区分，并分别通过主/辅锚点 UPF，送达给本地网络或外部网络，通过减少业务线路迂回降低时延。ULCL 相当于一个分流器，将不同的数据转发到不同的 UPF 锚点，数据分流在网络侧进行。

方案二：基于终端分流的专用 DNN 方案

借鉴点：本方案借鉴《面向 5G 的无线侧网络切片发展与研究》中的网络切片，为用户提供专享的逻辑 5G 网络实现业务隔离，优先保障企业专享业务；借鉴《5G 专网业务能力需求及端到端网络技术实现》中的用户面节点下沉技术部署 UPF。

类似于快递物流，商家发货后，本地的分拣中心会根据目的地，将包裹分发到不同的物流中心，以此尽快完成快递业务。

方案二：数据分流示意如图 4-46 所示。

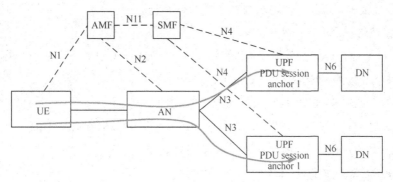

图 4-46　方案二：数据分流示意

核心创新点：基于网络切片和 UPF 下沉到边缘，为企业设置专用数据网络标识（Data Network Name，DNN），以区分不同数据网络的接入，并提供用户级的服务质量（Quality of Service，QoS）控制，提供服务优先级保障。本地业务和公网业务相互独立，互不干扰，数据分流从终端开始，减少网络侧识别分流压力，从而降低网络时延。

类似于在"通信道路"上划分不同的车道，相互独立，互不影响。

两个方案独立性有以下内容。

方案一：从网络侧分流，基于 SMF 触发 ULCL 插入流程，在用户 PDU 会话建立完成后发起业务请求。

方案二：从终端侧分流，终端配置专用 DNN，并在核心网签约，用户通过专用 DNN 发起业务请求。

（二）评估总体方案

QC 小组从网络时延、网络稳定性和部署成本 3 个维度对两个方案进行评估。

1. 网络时延

3 月 6 日，QC 小组委托厂商在 5G 实验室搭建平台模拟两种方案，两种方案分别模拟测试 50 次，统计时延，网络时延记录见表 4-33。

表 4-33　网络时延记录

类型	无线时延/ms	传输时延/ms	总网络时延/ms
方案一	12.7	8.4	21.1
方案二	9.5	5.1	14.6

经过试验，QC 小组发现方案二的网络时延更短。

2. 网络稳定性

3 月 7 日，QC 小组分别基于好点、中点和差点 3 个场景测试 5G 无线掉线率，每个场景测试 1000 次。测试信道条件定义：

① 好点：SS-RSRP≥–80dBm 或 SS-SINR≥15dB；

② 中点：–90dBm≤SS-RSRP<–80dBm 或者 0≤SS-SINR<15dB；

③ 差点：SS-RSRP<–90dBm 或 SS-SINR<0dB；

分场景测试数据见表 4-34。

表 4-34　分场景测试数据

类型	5G 无线掉线率	
	方案一	方案二
好点	0	0
中点	0.84%	0.55%
差点	1.79%	1.24%

试验结果显示，两种方案在好点的无线掉线率相同，但方案二在中点和差点的掉线率均低于方案一，网络稳定性更好。（说明：在集团公司下发的《中国移动省级 QC 系统功能规范》数据业务指导分册中，掉线率指标主要用于衡量无线网络稳定性情况，小区掉线率越低，用户接收到的无线信号越稳定，上网或打电话等业务更顺畅。）

3. 投入成本

投入成本综合评估见表 4-35。方案一投入成本 27 万元，方案二投入成本 22 万元，两个方案均未超出项目预算，方案二成本更低。

表 4-35　投入成本综合评估

类型	方案一/万元	方案二/万元
UPF 部署	13	9
基站建设	10	10
网络维护	4	3
成本	27	22

(三)确定最佳总体方案

总体方案评估结果汇总见表 4-36。

表 4-36 总体方案评估结果汇总

评估维度	方案一	方案二	评估结果
网络时延/ms	21.1	14.6	方案二网络时延更短
网络稳定性 (5G 无线掉线率)	好点:0 中点:0.84% 差点:1.79%	好点:0 中点:0.55% 差点:1.24%	方案二中点和差点的无线掉线率更低,网络稳定性更好
投入成本/万元	27	22	方案二投入成本更低
结论	不采用	采用	

从表 4-36 可以看出,方案二在网络时延、网络稳定性和投入成本 3 个方面都优于方案一,因此,QC 小组选择了"基于终端分流的 DNN 分流方案"为总体方案。

(四)最佳方案细化与展开

QC 小组成员进一步对最佳总体方案进行分解,绘制分解。最佳方案分解如图 4-47 所示。

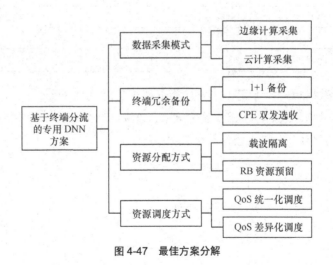

图 4-47 最佳方案分解

(五)分级方案的评价选择

1. 数据采集模式

数据采集模式有边缘计算和云计算两种方案,数据采集模式对比见表 4-37。

表 4-37 数据采集模式对比

类型	方案 1：边缘计算	方案 2：云计算
方案原理	使用近端的边缘服务器进行计算，在靠近业务侧的地方构建边缘服务器，将业务面下沉，满足用户在时延、实时性上的需求	使用远端的云服务器进行计算，具有优秀的数据存储及处理能力
部署环境	嵌入式，ARM 处理器+ASIC，部署在现场	x86，CPU+GPU/FPGA，需要云服务器
方案特点	边缘网络，边缘式大数据处理	数据中心，集中式大数据处理

3月7日，QC小组成员分别在20个、40个和60个接入设备的环境下，进行仿真实验和对比分析。在每种环境下，对两种数据采集方案分别进行100次测试，不同接入设备数的采集时延情况见表4-38。

表 4-38 不同接入设备数采集时延情况

接入设备数/个	方案类型	
	方案 1：边缘计算	方案 2：云计算
20	12	20
40	10	21
60	11	18
平均采集时延/ms	11	19.7

由试验结果可知，方案1边缘计算数据采集时延为11ms，低于方案2云计算数据采集时延，故QC小组优选方案1：边缘计算采集方式。不同接入设备数两种方案的采集时延对比如图4-48所示。

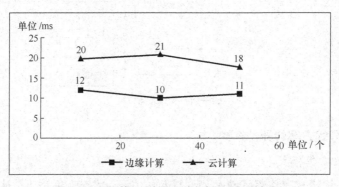

图 4-48 不同接入设备数两种方案的采集时延对比

2. 终端冗余备份

3月9日,QC小组搭建实验环境,对两种方式进行仿真实验和对比分析,分别进行100次仿真测试,终端冗余备份对比见表4-39。

表4-39 终端冗余备份对比

位置	方案1: 1+1备份	方案2: 双发选收
连接方式	AR — 5G CPE AR — 5G CPE	AR — 5G CPE AR — 5G CPE
方案原理	2套1:1的终端。即2条链路构成主备通道,终端在正常情况下选收主用链路上的业务,当主用链路故障不可用时,为保障主用链路的传输,自动切换到备用链路	在AR路由器配置2条链路,2台CPE同时收发数据块,AR路由器优先接收链路质量高的数据,可解决数据丢包重传问题
设备费用	2台CPE(3500元/台)+2台AR路由器(2450元/台) 支出设备费用=3500×2+2450×2=11900(元)	2台CPE(3500元/台)+1台AR路由器(2450元/台) 支出设备费用=3500×2+1×2450=9450(元)
系统可靠性	99.99%	99.99%
信道利用率	89.66%	99.37%

两种方案的信道利用率对比如图4-49所示。

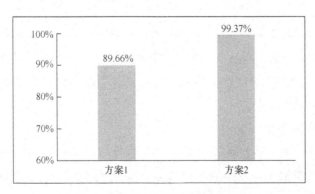

图4-49 两种方案的信道利用率对比

由试验结果可知,两种方案的系统可靠性相同,且均满足要求,但是,方案 2 利用率远高于方案 1,且支出的设备费用也低于方案 1。因此,QC 小组选择了方案 2:双发选收。

3. 资源分配方式

3 月 15 日,QC 小组对两种方案分别从数据配置时间和建设成本两个维度进行评估。资源分配方式对比见表 4-40。

表 4-40 资源分配方式对比

方案	方案 1:载波隔离	方案 2:RB 资源预留
连接方式	20MHz 80MHz 切片 1 切片 2	100MHz 切片 1/RB@XMhz 切片 2/RB@(100-X)Mhz
方案原理	• 物理上 2 个独立小区 • 给每个网络切片分配独立载波,不同的网络切片占用不同的小区资源,每个网络切片仅使用本小区内的 RB 资源。基于载波隔离方式可以达成网络切片间的完全隔离	• 物理上 1 个小区,通过切片进行资源分配 • 专享网络切片预留 RB 资源,优先保障专享切换用户的 RB 资源使用
数据配置时间/小时	8.1	7.8
部署成本/万元	41.2	21

由试验结果可知,两种资源分配方案数据配置时间相当,但方案 2 建设成本更低,优选方案 2:RB 资源预留,但方案 2 中的桥梁专网和公网具体的 RB 资源分配带宽参数待选优。

4. 资源调度方式

3 月 18 日,QC 小组委托厂商在 5G 实验室对两种资源调度方式进行仿真测试,分别测试 100 次,以统计时延及资源利用率。资源调度方式对比见表 4-41。

表 4-41 资源调度方式对比

类型	方案 1：QoS 统一调度	方案 2：QoS 差异化调度
架构	统一 QoS	举例：5QI 9 不同切片 基于切片的 QoS 切片 1>3>2 优先级按切片映射 调度顺序从高到低
原理	不同业务流按照默认值映射到 5QI 不区分优先级，统一进行资源调度	• 不同业务用不同的 QoS flow 承载，用 5QI 来标识不同的 QoS flow； • 差异化设置不同 5QI 的调度优先级、缓存等待时延保障高优先级业务性能
时延/ms	9.6	7.4
资源利用率	47.2%	49.3%

两种方案的时延和资源利用率对比如图 4-50 所示。

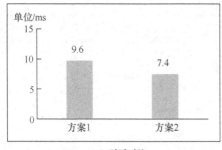

(a) 时延对比

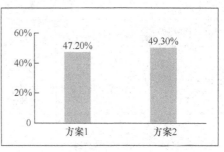

(b) 资源利用率对比

图 4-50 两种方案的时延和资源利用率对比

由试验结果可知，两种方案资源利用率相差不大，但方案 2 时延更短，因此，QC 小组选择方案 2：QoS 差异化调度。

（六）确定最佳方案

QC 小组经过对分级方案的评价选择，最佳方案如图 4-51 所示。

QC 活动方法深入解析

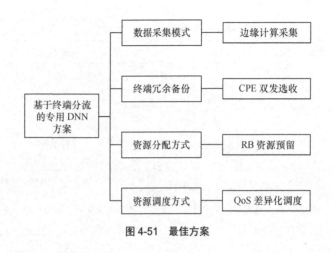

图 4-51　最佳方案

四、制定对策

QC 小组根据"5W1H"要求制定对策表，对策表见表 4-42。

表 4-42　对策表

序号	对策	目标	措施	责任人	地点	完成时间
1	边缘计算采集	数据采集完整率 99.9%	• 部署监测系统，在桥梁安装 11 个监测点位 • 部署边缘服务器，连接前端数据采集设备	邓小梅	南宁移动机房	2021-5-22
2	CPE 双发收选	完成设备安装及 AR 路由器数据配置	• 安装设备 • AR 路由器上配置数据	韦涵瀚	大冲邕江特大桥	2021-5-23
3	RB 资源预留	桥梁专网和公网的整体资源利用率在 40%～50%	• 针对桥梁专网 RB 资源预留进行参数优选 • 基于最优参数组合，在网管进行配置	邓小梅	南宁移动机房	2021-6-5
4	QoS 差异化调度	无线时延低于 10ms	• 针对 QoS 相关调度参数进行参数优选 • 基于参数优选结果，在网管进行参数配置	卫慧锋	南宁移动机房	2021-7-10

五、对策实施

(一) 实施一：边缘计算数据采集

1. 实施目标

数据采集完整率≥99.9%。

2. 实施过程

① 部署监测系统，在桥梁安装 11 个监测点位，实施过程如图 4-52 所示。

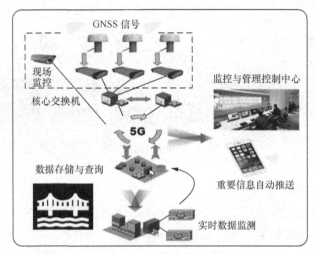

(a) 桥梁监测边缘服务器系统架构

监测区域	监测对象
上部结构	主梁位移、主梁倾斜、桥面高程、桥头高差
下部结构	地基变形、基础位移、墩柱倾斜、墩柱变形
桥区地质	边坡位移、深部位移、地表裂缝

(b) 数据采集内容

(c) 现场数据采集和分析

图 5-52 实施过程

② 部署边缘服务器，连接前端数据采集设备。部署边缘服务器后，分别在边缘节点和末端平台采集输出的数据信息。部署边缘服务器如图 4-53 所示。

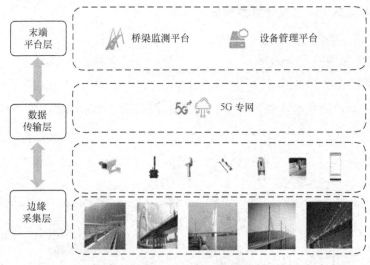

图 4-53　部署边缘服务器

3. 对策的效果检查

QC 小组统计 2021 年 5 月 14 日～20 日的末端平台层输出的数据信息。数据采集完整率统计见表 4-43。

表 4-43　数据采集完整率统计

统计日期	数据采集量/万条	数据采集完整率
5 月 14 日	345.39	99.94%
5 月 15 日	345.36	99.93%
5 月 16 日	345.39	99.94%
5 月 17 日	345.39	99.94%
5 月 18 日	345.43	99.95%
5 月 19 日	345.46	99.96%
5 月 20 日	345.39	99.94%
平均值	345.40	99.94%

数据采集量和采集完整率如图 4-54 所示。

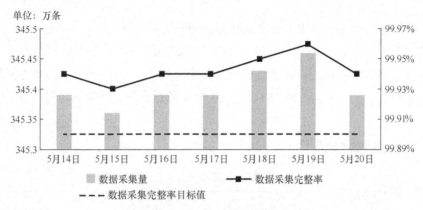

图 4-54 数据采集量和采集完整率

由统计结果可知，末端平台层日均输出 345.4 万条数据，与边缘节点采集的数据记录数一致，平均数据采集完整率为 99.44%，目标达成。

（二）实施二：CPE 双发选收

1. 实施目标

完成设备安装及 AR 路由器数据配置。

2. 实施过程

（1）安装设备

在南宁大冲邕江特大桥上完成 4 台 CPE 的设备安装。

（2）在 AR 路由器上配置数据

在 AR 路由器上配置模式为双发选收，通过配置 2 条链路，2 台 CPE 同时收发数据块，AR 路由器优先接收链路质量高的数据，有效解决数据丢包重传问题。

在对策二的实施中，QC 小组成员完成 CPE 安装，并在 AR 路由器上配置双发选收模式，实现了对策目标。

（三）实施三：RB 资源预留

1. 实施目标

桥梁专网和公网的整体 RB 资源利用率稳定在 40%～50%。（若利用率超过 50%，会导致业务拥塞，根据集团标准，需进行扩容；若利用率低于 40%，则会导致站点收益低）。

2. 实施过程

（1）针对桥梁专网 RB 资源预留进行参数优选

桥梁专网和公网共用小区的 100Mbit/s 的带宽，带宽分配不合理会影响小区整体资源利用率。为了确定桥梁专网的分配带宽，QC 小组成员运用单因素优选黄金分割法，在小区支持的 10MHz～90MHz 开展试验，确保小区利用率稳定在 40%～50%。

桥梁专网 RB 资源分配带宽选择见表 4-44。

表 4-44　桥梁专网 RB 资源分配带宽选择

试验对象	桥梁专网 RB 资源分配带宽
衡量指标	桥梁专网和公网的整体 RB 资源利用率在 40%～50%

试验范围 10MHz～90MHz

```
10MHz |─────────X₂────────X₁────────| 90MHz
              41MHz     59MHz
```

$X_1 = (90-10) \times 0.618 + 10 \approx 59$（MHz）

$X_2 = 10 + 90 - 59 = 41$（MHz）

QC 小组成员分别用 X_1 带宽和 X_2 带宽进行 3 次试验，评估小区的整体资源利用率，试验结果表明，X_2 整体资源利用率为 36%，优于 X_1 的利用率 34%，但未满足 40%～50% 的目标，X_1 带宽和 X_2 带宽试验结果见表 4-45。

表 4-45　X_1 带宽和 X_2 带宽试验结果

RB 资源分配带宽 / 试验号	X_1=59MHz			X_2=41MHz		
	上行资源利用率	下行资源利用率	资源利用率	上行资源利用率	下行资源利用率	资源利用率
1	25%	41%	33%	26%	45%	36%
2	29%	38%	34%	28%	43%	36%
3	28%	41%	35%	27%	43%	35%
平均	27%	40%	34%	27%	44%	36%

在试验范围 10MHz～41MHz，QC 小组通过计算得到：

$X_3 = 59-41+10 = 28$（MHz）。选出新带宽为 28MHz。

QC 小组再次按 X_3 的带宽进行了试验，试验结果 X_3 整体资源利用率为 41%，优于 X_2 的利用率 36%，且满足 40%～50% 的目标，因此选定 X_3=28MHz 为最优带宽设置，X_3 带宽试验结果见表 4-46。

表 4-46 X_3 带宽试验结果

试验号	RB 资源分配带宽	X_3=28MHz		
		上行资源利用率/%	下行资源利用率/%	资源利用率/%
1		26	51	38
2		31	56	44
3		30	53	41
平均值		29	53	41

（2）按照参数优选结果，在网管进行带宽配置

在网管将桥梁专网 RB 资源预留带宽配置为 28MHz。

3. 实施效果

QC 小组采集了 5 月 25 日～31 日，小区忙时 112 个小区资源利用率样本数据，见表 4-47。

表 4-47 忙时小区资源利用率样本数据

时间	5月25日	5月26日	5月27日	5月28日	5月29日	5月30日	5月31日
8:00	47.03%	47.95%	41.95%	41.90%	44.44%	47.65%	45.16%
9:00	44.18%	43.36%	47.91%	48.71%	46.71%	46.89%	44.36%
10:00	45.55%	45.51%	41.77%	47.66%	46.35%	48.15%	41.38%
11:00	41.01%	45.56%	46.11%	44.35%	45.36%	42.97%	42.07%
12:00	48.30%	43.17%	40.81%	41.26%	44.43%	45.99%	44.01%
13:00	45.27%	42.34%	45.58%	46.28%	40.84%	43.39%	47.67%
14:00	45.34%	43.11%	47.94%	45.01%	40.74%	47.74%	45.83%
15:00	45.47%	46.57%	42.08%	44.72%	48.20%	42.46%	44.52%
16:00	45.79%	43.81%	44.88%	46.84%	47.73%	44.27%	43.94%
17:00	45.48%	49.16%	44.55%	47.37%	49.22%	47.26%	46.56%
18:00	49.63%	43.61%	44.40%	45.37%	43.35%	47.37%	48.83%

续表

时间	5月25日	5月26日	5月27日	5月28日	5月29日	5月30日	5月31日
19:00	42.58%	45.75%	49.53%	42.60%	42.76%	42.72%	46.30%
20:00	46.42%	46.52%	46.30%	49.27%	45.55%	41.56%	48.75%
21:00	46.75%	48.97%	46.19%	44.18%	45.34%	46.43%	46.18%
22:00	49.48%	47.07%	43.07%	44.82%	48.88%	44.82%	45.13%
23:00	44.54%	44.70%	44.43%	41.36%	40.91%	45.56%	45.98%

小区资源利用率样本数据如图4-55所示。

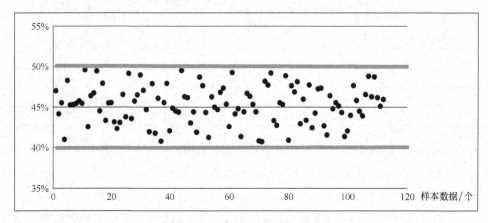

图4-55 小区资源利用率样本数据

根据散点图可知，所有小区资源利用率样本数据分布在40%～50%，满足桥梁专网RB资源预留的条件，目标达成。

（四）实施4：QoS差异化调度

1. 实施目标

无线时延低于10ms。

2. 实施过程

（1）针对QoS相关调度参数进行参数优选

QoS差异化调度对应的无线侧参数主要有4个：上行预调度间隔、下行IBLER（Initial Block Error Rate，初始误块率）目标值、上行BLER目标值、上行预调度数据量。QC小组希望通过试验，选取最优选参数组合，将无线时延降低到10ms以内。

① 挑因素、选水平，制定因素水平表。根据《中国移动 5G 网络及锚点无线参数规范建议》，对应参数合理范围分别是：上行预调度间隔（0~400，步长为 1）、下行 IBLER 目标值（0、0.001%、0.01%、0.1%、1%~100%且步长为 1%）、上行 BLER 目标值（0、0.001%、0.01%、0.1%、1%~100%且步长为 1%）、上行预调度数据量（70~10000，步长为 1）。基于主设备厂家推荐使用值，制定因素水平见表 4-48。

表 4-48　因素水平

水平＼因素	上行预调度间隔/时隙 A	下行 IBLER 目标值/% B	上行 IBLER 目标值/% C	上行预调度数据量/字节 D
水平 1	5	5	8	100
水平 2	15	7	9	200
水平 3	25	9	10	300

② 选用 $L_9(3^4)$ 安排正交试验。正交试验结果见表 4-49。

表 4-49　正交试验结果

试验号＼水平	上行预调度间隔/时隙 A	下行 IBLER 目标值/% B	上行 IBLER 目标值 C	上行预调度数据量/字节 D	试验结果（时延/ms）
1	1（5）	1（6）	3（10）%	2（200）	9.7
2	2（15）	1（6）	1（8）%	1（100）	10
3	3（25）	1（6）	2（9）%	3（300）	12.4
4	1（5）	2（8）	1（8）%	3（300）	9.8
5	2（15）	2（8）	2（9）%	2（200）	10.6
6	3（25）	2（8）	3（10）%	1（100）	10.3
7	1（5）	3（10）	2（9）%	1（100）	11.2
8	2（15）	3（10）	3（10）%	3（300）	8.7
9	3（25）	3（10）	1（8）%	2（200）	9.2
水平 1 之和	30.7	32.1	29%	31.5	各因素按重要程度排序：C—B—A—D
水平 2 之和	29.5	30.7	34.2%	29.5	
水平 3 之和	31.9	29.1	28.7%	30.9	
极差（R）	2.6	3	5.5%	2	

各因素按重要程度排序：C—B—A—D。

"看一看"结果：第 8 号试验的时延最低，好条件为 A2B3C3D3。

"算一算"结果：根据各水平结果之和的最小值得到的好条件为 A2B3C3D2。

"看一看"与"算一算"结果不一致。按"算一算"结果 A2B3C3D2 追加两次试验。追加两次试验结果见表 4-50。

表 4-50 追加两次试验结果

试验号	水平				试验结果（时延/ms）
	上行预调度间隔/时隙 A	下行 IBLER 目标值/% B	上行 IBLER 目标值 C	上行预调度数据量/字节 D	
1	2（15）	3（10）	3（10）%	2（200）	8.5
2	2（15）	3（10）	3（10）%	2（200）	8.3

根据试验结果可知，按照"算一算"结果 A2B3C3D2 追加的试验结果好于"看一看"结果 A2B3C3D3。因此，QC 小组确定最优参数为 A2B3C3D2，试验选出的最优参数见表 4-51。

表 4-51 试验选出的最优参数

因素	A2	B3	C3	D2
水平	15	10	10	200

（2）在网管配置参数

在网管配置小区 5QI=8 的 QoS 相关调度参数分别是上行预调度间隔=15 时隙，下行 BLER 值=10%，上行 BLER 值=10%，上行预调度数据量=200 字节。

3. 对策的效果检查

对策实施后，QC 小组统计 7 月 1 日～7 日无线时延的数据。由统计结果可知，对四实施后的平均无线时延为 8.17ms，小于目标值 10ms，目标达成。

对策实施后的无线时延结果见表 4-52。

表 4-52 实施后无线时延结果

日期	无线侧时延/ms
7 月 1 日	7.2

续表

日期	无线侧时延/ms
7月2日	8.9
7月3日	7.9
7月4日	8.4
7月5日	9.1
7月6日	7.6
7月7日	8.1
平均时延：8.17ms＜10ms（目标值）	

对策实施后无线时延情况如图 4-56 所示。

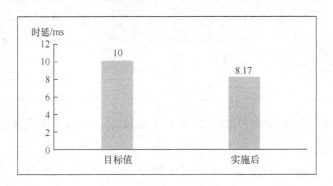

图 4-56　对策实施后无线时延情况

六、效果检查

QC 小组对实施后的效果进行检查，首先对桥梁健康监测系统进行验收，分别从桥梁关键结构点位移、应力等信息的数据测量等进行全方位的功能验收，满足课题目标。

广西南宁大冲邕江特大桥通过基于 5G 的桥梁健康监测系统，实现了桥梁结构关键点位移信息的实时监测回传。桥梁健康检测系统试运行期间各功能运行平稳，符合验收标准，效果显著。

全部对策实施后，QC 小区成员跟踪 8 月数据，端到端时延数据见表 4-53。

表 4-53　端到端时延数据

日期	端到端时延/ms	日期	端到端时延/ms
8月1日	17	8月16日	17
8月2日	16	8月17日	14
8月3日	16	8月18日	18
8月4日	16	8月19日	17
8月5日	19	8月20日	18
8月6日	18	8月21日	19
8月7日	18	8月22日	18
8月8日	15	8月23日	19
8月9日	17	8月24日	16
8月10日	17	8月25日	19
8月11日	16	8月26日	16
8月12日	17	8月27日	17
8月13日	17	8月28日	18
8月14日	14	8月29日	17
8月15日	17	8月30日	16
端到端时延平均值：17ms＜25ms（目标值）			

活动后的平均时延为17ms，小于目标值25ms，活动目标达成，端到端时延对比如图4-57所示。

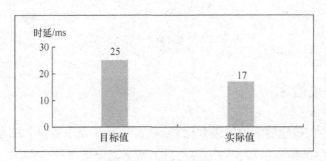

图 4-57　端到端时延对比

七、标准化

（一）推广价值评价

QC小组邀请行业内的技术专家对课题的价值和推广意义进行评价。项目成果在广西南宁大冲邕江特大桥部署实施后,实现了桥梁位移高频数据的低时延回传,并已稳定运行一年左右。因此,专家一致认为,该成果具有极大的推广价值。

目前广西壮族自治区拥有特大桥(多孔跨径总长大于 1000 米或单孔跨径大于 150 米的公路桥梁,桥长大于 500 米以上的铁路桥梁)500 余座,均有桥梁位移高频数据的实时回传需求,可进行推广。同时,也可根据需求灵活定制相应行业低时延产品应用,延伸推广到矿山、医疗等全国其他行业。

(二)成果标准化

为有效巩固本次 QC 成果以更好地指导后续工作开展,QC 小组形成了两个相应的指导手册进行存档管理,分别是《基于 5G+智慧桥梁监测平台项目指导手册》和《广西移动 5G To B 网元数据配置指导手册》。

八、总结及下一步打算

(一)活动总结

在本次 QC 小组活动中,小组成员收获颇多,体现在以下几点。

1. 技术方面有创新

课题在技术创新上共有三大创新点,具体如下。

① 双发选收:优先接收链路质量高的数据,形成双路径动态保护。

② 高精度系统算法:数据实时快速地回传,判断桥梁精准位移和形变的数据,获得高精度定位数据。

③ 应用隔离:公网和专网业务通过网络切片及UPF实现逻辑隔离,提升安全性。

2. 管理方面有收获

在活动中,QC 小组尝试着应用合适的统计方法,不仅加深了对统计方法的理解,也在活动中收到了良好的效果。

3. 综合素质方面得到提升

本次QC小组活动使小组成员的综合素质得到了极大的提升。综合素质的收获见表 4-54。

表 4-54 综合素质的收获

项目	总结
团队协作	新增 1 个职能部门参与活动,团队协作能力进一步提升
QC 能力	对QC活动中用到的方法加深理解,通过整理成果报告,提高了总结、撰写活动成果的水平
创新能力	QC 小组成员的创新能力得到了提升,陆续输出创新成果 11 项,其中一项为广西首创
沟通能力	活动期间多次组织项目成员讨论交流,提升了项目成员沟通表达能力

(二)下一步打算

QC小组成员为继续做好广西移动在 To B 垂直行业应用发展的支撑工作,确定了下一个研究课题——《研究一种 5G 网络覆盖智能补偿的新方法》。

《质量管理小组活动准则》摘要

此准则由中国质量协会 2020 年 3 月 6 日发布,2020 年 6 月 6 日实施。此准则为中质协团体标准(T/CAQ 10201—2020,代替 T/CAQ 10201—2016)。摘要如下。

1 范围(略)

2 规范性引用文件(略)

3 术语和定义(略)

4 活动程序要求

4.1 问题解决型课题

4.1.1 总则

问题解决型课题根据目标来源不同分为自定目标课题和指令性目标课题。自定目标课题和指令性目标课题在活动程序上有差异(图略)。

4.1.2 选择课题

4.1.2.1 课题来源

针对存在问题,小组应结合实际,选择适宜的课题。课题来源一般有:

a)指令性课题;

b)指导性课题;

c)自选性课题。小组自选课题时,可考虑以下方面:

——落实组织方针、目标的关键点;

——在质量、效率、成本、安全、环保等方面存在问题;

——内、外部顾客及相关方的意见和期望。

4.1.2.2 选题要求

小组选题要求包括:

a)小组能力范围内,课题宜小不宜大;

b）课题名称直接，尽可能表达课题的特性值；

c）选题理由明确、用数据说明。

4.1.3 现状调查

为了解问题的现状和严重程度，小组应进行现状调查：

a）收集有关数据和信息，数据和信息应具有客观性、全面性、时效性和可比性；

b）对数据和信息进行分层整理和分析；

c）通过分析数据明确现状，找出症结，确定改进方向和程度，为目标设定和原因分析提供依据。

注：这是自定目标课题的第二步，指令性目标课题没有此步骤。

4.1.4 设定目标

4.1.4.1 目标来源

根据所选课题，小组应设定活动目标，以明确课题改进的程度，并为效果检查提供依据。

课题目标来源：

a）自定目标，由小组成员共同制定的课题目标；

b）指令性目标。上级下达给小组的课题目标，小组直接选择上级考核指标、顾客要求等作为课题目标。

4.1.4.2 目标设定依据

小组自定目标的设定可考虑：

a）上级下达的考核指标或要求；

b）顾客要求；

c）国内外同行业先进水平；

d）组织曾经达到的最好水平；

e）针对症结，预计其解决程度，测算课题将达到的水平。

4.1.4.3 目标设定要求

目标设定应与小组活动课题相一致，并满足如下要求：

a）目标数量不宜多；

b）目标可测量、可检查；

c）目标具有挑战性。

注：这是自定目标课题的第三步，是指令性目标课题的第二步。

4.1.5　目标可行性论证

指令性目标课题应在设定目标后进行目标可行性论证，目标可行性论证可考虑：

a）国内外同行业先进水平；

b）组织曾经达到的最好水平；

c）把握现状，找出症结，论证需要解决的具体问题，以确保课题目标实现。

注：这是指令性目标课题的第三步，自定目标课题没有此步骤。

4.1.6　原因分析

小组进行原因分析应符合以下要求：

a）针对问题或症结进行原因分析；

b）因果关系清晰，逻辑关系紧密；

c）可从人、机、料、法、环、测等方面考虑，以充分展示产生问题的原因，避免遗漏；

d）将每一条原因逐层分析到末端，以便直接采取对策。

4.1.7　确定主要原因

小组应针对末端原因，依据数据和事实，客观地确定主要原因：

a）收集所有的末端原因，识别并排除小组能力范围以外的原因；

b）对每个末端原因进行逐条确认，必要时可制订要因确认计划；

c）依据末端原因对问题或症结的影响程度大小判断是否为主要原因；

d）判定方式为现场测量、试验和调查分析。

4.1.8　制定对策

小组制定对策应：

a）针对主要原因逐条制定对策；

b）必要时，针对主要原因提出多种对策，并用客观的方法进行对策的评价和选择；

c）按5W1H要求制定对策表，对策应明确，对策目标可测量、可检查，措施具体。

注：5W1H即What（对策）、Why（目标）、Who（负责人）、Where（地点）、When（时间）、How（措施）。

4.1.9 对策实施

小组实施对策应：

a）按照对策表逐条实施对策，并与对策目标进行比较，确认对策效果；

b）当未达到对策目标时，应修改措施并按新的措施实施；

c）必要时，验证对策实施结果在安全、质量、管理、成本、环保等方面的负面影响。

4.1.10 效果检查

所有对策实施完成后，小组应进行效果检查：

a）检查小组设定的课题目标是否完成；

b）与对策实施前的现状对比，判断改善程度；

c）必要时，确认小组活动产生的经济效益和社会效益。

4.1.11 制定巩固措施

小组制定巩固措施应：

a）将对策表中通过实施证明有效的措施，纳入相关标准或管理制度，例如工艺标准、作业指导书、设备管理制度、人员管理制度等，并报主管部门批准；

b）必要时，对巩固措施实施后的效果进行跟踪。

4.1.12 总结和下一步打算

小组应对活动全过程进行回顾和总结，并提出今后打算，包括：

a）针对专业技术、管理方法和小组成员综合素质等方面进行全面总结；

b）提出下一次活动课题。

4.2 创新型课题

4.2.1 总则

创新型课题按照图3所示的程序开展活动。（图略）

4.2.2 选择课题

4.2.2.1 课题来源

小组针对现有的技术、工艺、技能、方法等无法满足内外部顾客及相关方的需求，运用新思维选择创新课题。

4.2.2.2 选题要求

小组选题应满足以下要求：

a）针对需求，通过广泛借鉴，启发小组创新的灵感、思路、方法等，研制新的产品、服务、方法、软件、工具及设备等；

b）课题名称应直接描述研制对象；

c）必要时，论证课题的可行性。

4.2.3 设定目标及目标可行性论证

4.2.3.1 设定目标

设定目标满足以下要求：

a）与课题需求保持一致；

b）目标可测量、可检查；

c）目标设定不宜多。

4.2.3.2 目标可行性论证

小组应对设定的课题目标，进行可行性论证：

a）依据借鉴的相关数据进行论证；

b）依据事实和数据，进行定量分析与判断。

4.2.4 提出方案并确定最佳方案

4.2.4.1 提出方案

小组针对课题目标，根据借鉴内容，提出方案应：

a）提出可能达到课题目标的各种方案，并对所有的方案进行整理；

b）方案包括总体方案与分级方案，总体方案应具有创新性和相对独立性；分级方案应具有可比性，以供比较和选择。

4.2.4.2 确定最佳方案

小组对所有整理后的方案进行评价和比较，确定最佳方案：

a）方案分解应逐层展开到可以实施的具体方案；

b）应基于现场测量、试验和调查分析的事实和数据，对每个方案进行逐一评价和选择。

4.2.5 制定对策

小组制定对策应：

a）将方案分解中选定的可实施的具体方案，逐项纳入对策表；

b）按 5W1H 要求制定对策表，对策即可实施的具体方案，目标可测量、可检查，措施可操作。

4.2.6 对策实施

小组实施对策应：

a）按照制定的对策表逐条实施；

b）实施每条对策后，应确认相应目标的完成情况，未达到目标时，应修改措施，并按新措施实施；

c）必要时，验证对策实施结果在安全、质量、管理、成本、环保等方面的负面影响。

4.2.7 效果检查

所有对策实施完成后，小组应进行效果检查：

a）检查课题目标的完成情况；

b）必要时，确认小组创新成果的经济效益和社会效益。

4.2.8 标准化

小组应对创新成果的推广应用价值进行评价，并进行处置：

a）对有推广应用价值的创新成果进行标准化，形成相应的技术标准（设计图纸、工艺文件、作业指导书）或管理制度；

b）对专项或一次性的创新成果，将创新过程相关资料整理存档。

4.2.9 总结和下一步打算

小组应对活动全过程进行回顾和总结，并提出今后打算，包括：

a）从创新角度对在专业技术、管理方法和小组成员综合素质等方面进行全面的回顾，总结小组活动的创新特色与不足；

b）提出下一次活动课题。

附录 A （资料性附录）QC 小组活动常用统计方法汇总表（略）

附录 B （资料性附录）QC 小组活动评审表（略）

参考文献（略）

附 录

常用正交表

1. $L_4(2^3)$

列号 试验号	1	2	3
1	1	1	1
2	2	1	2
3	1	2	2
4	2	2	1

2. $L_8(2^7)$

列号 试验号	1	2	3	4	5	6	7
1	1	1	1	2	2	1	2
2	2	1	2	2	1	1	1
3	1	2	2	2	2	2	1
4	2	2	1	2	1	2	2
5	1	1	2	1	1	2	1
6	2	1	1	1	2	2	1
7	1	2	1	1	1	1	1
8	2	2	2	1	2	1	2

3. $L_{16}(2^{15})$

列号 试验号	1	2	3	4	5	6	7	8	9	10	11	12	13	14	15
1	1	1	1	2	2	1	2	1	2	2	1	1	1	2	2
2	2	1	2	2	1	1	1	1	1	2	2	1	2	2	1
3	1	2	2	2	2	2	1	1	2	1	2	1	1	1	1
4	2	1	2	1	1	1	1	1	1	1	1	2	1	1	2
5	1	1	2	1	1	2	1	2	2	1	2	2	2	1	2
6	2	1	1	1	2	2	1	1	2	1	2	1	1	1	1
7	1	2	1	1	1	1	1	1	1	2	2	2	2	1	1
8	2	2	2	1	2	1	1	1	1	1	2	1	2	1	1
9	1	1	1	2	2	2	1	2	1	2	1	1	2	2	2
10	2	1	2	1	1	2	2	2	2	1	1	1	1	2	1

续表

列号 试验号	1	2	3	4	5	6	7	8	9	10	11	12	13	14	15
11	1	2	2	1	2	1	2	2	1	2	1	1	2	1	1
12	2	2	1	1	1	1	1	2	2	2	2	1	1	1	2
13	1	1	2	2	1	1	1	2	1	1	1	2	1	1	2
14	2	1	1	2	2	1	2	2	2	1	2	2	2	1	1
15	1	2	1	2	1	2	2	2	1	2	2	2	1	2	1
16	2	2	2	2	2	1	2	2	2	1	2	2	2	2	2

4. $L_{32}(2^{31})$

列号 试验号	1	2	3	4	5	6	7	8	9	10	11	12	13	14	15	16	17	18	19	20	21	22	23	24	25	26	27	28	29	30	31
1	1	1	1	1	1	1	1	1	1	1	1	1	1	1	1	1	1	1	1	1	1	1	1	1	1	1	1	1	1	1	1
2	1	1	1	1	1	1	1	1	1	1	1	1	1	1	1	2	2	2	2	2	2	2	2	2	2	2	2	2	2	2	2
3	1	1	1	1	1	1	1	2	2	2	2	2	2	2	2	1	1	1	1	1	1	1	1	2	2	2	2	2	2	2	2
4	1	1	1	1	1	1	1	2	2	2	2	2	2	2	2	2	2	2	2	2	2	2	2	1	1	1	1	1	1	1	1
5	1	1	1	2	2	2	2	1	1	1	1	2	2	2	2	1	1	1	1	2	2	2	2	1	1	1	1	2	2	2	2
6	1	1	1	2	2	2	2	1	1	1	1	2	2	2	2	2	2	2	2	1	1	1	1	2	2	2	2	1	1	1	1
7	1	1	1	2	2	2	2	2	2	2	2	1	1	1	1	1	1	1	1	2	2	2	2	2	2	2	2	1	1	1	1
8	1	1	1	2	2	2	2	2	2	2	2	1	1	1	1	2	2	2	2	1	1	1	1	1	1	1	1	2	2	2	2
9	1	2	2	1	1	2	2	1	1	2	2	1	1	2	2	1	1	2	2	1	1	2	2	1	1	2	2	1	1	2	2
10	1	2	2	1	1	2	2	1	1	2	2	1	1	2	2	2	2	1	1	2	2	1	1	2	2	1	1	2	2	1	1
11	1	2	2	1	1	2	2	2	2	1	1	2	2	1	1	1	1	2	2	1	1	2	2	2	2	1	1	2	2	1	1
12	1	2	2	1	1	2	2	2	2	1	1	2	2	1	1	2	2	1	1	2	2	1	1	1	1	2	2	1	1	2	2
13	1	2	2	2	2	1	1	1	1	2	2	2	2	1	1	1	1	2	2	2	2	1	1	1	1	2	2	2	2	1	1
14	1	2	2	2	2	1	1	1	1	2	2	2	2	1	1	2	2	1	1	1	1	2	2	2	2	1	1	1	1	2	2
15	1	2	2	2	2	1	1	2	2	1	1	1	1	2	2	1	1	2	2	2	2	1	1	2	2	1	1	1	1	2	2
16	1	2	2	2	2	1	1	2	2	1	1	1	1	2	2	2	2	1	1	1	1	2	2	1	1	2	2	2	2	1	1
17	2	1	2	1	2	1	2	1	2	1	2	1	2	1	2	1	2	1	2	1	2	1	2	1	2	1	2	1	2	1	2
18	2	1	2	1	2	1	2	1	2	1	2	1	2	1	2	2	1	2	1	2	1	2	1	2	1	2	1	2	1	2	1
19	2	1	2	1	2	1	2	2	1	2	1	2	1	2	1	1	2	1	2	1	2	1	2	2	1	2	1	2	1	2	1
20	2	1	2	1	2	1	2	2	1	2	1	2	1	2	1	2	1	2	1	2	1	2	1	1	2	1	2	1	2	1	1
21	2	1	2	2	1	2	1	1	2	1	2	2	1	2	1	1	2	1	2	2	1	2	1	1	2	1	2	2	1	2	1
22	2	1	2	2	1	2	1	1	2	1	2	2	1	2	1	2	1	2	1	1	2	1	2	2	1	2	1	1	2	1	2
23	2	1	2	2	1	2	1	2	1	2	1	1	2	1	2	1	2	1	2	2	1	2	1	2	1	2	1	1	2	2	2
24	2	1	2	2	1	2	1	2	1	2	1	1	2	1	2	2	1	2	1	1	2	1	2	1	2	1	2	2	1	2	1
25	2	2	1	1	2	2	1	1	2	2	1	1	2	2	1	1	2	2	1	1	2	2	1	1	2	2	1	1	2	2	1
26	2	2	1	1	2	2	1	1	2	2	1	1	2	2	1	2	1	1	2	2	1	1	2	2	1	1	2	2	1	1	2
27	2	2	1	1	2	2	1	2	1	1	2	2	1	1	2	1	2	2	1	1	2	2	1	2	1	1	2	2	1	1	2
28	2	2	1	1	2	2	1	2	1	1	2	2	1	1	2	2	1	1	2	2	1	1	2	1	2	2	1	1	2	2	1
29	2	2	1	2	1	1	2	1	2	2	1	2	1	1	2	1	2	2	1	2	1	1	2	1	2	2	1	2	1	1	2
30	2	2	1	2	1	1	2	1	2	2	1	2	1	1	2	2	1	1	2	1	2	2	1	2	1	1	2	1	2	2	1
31	2	2	1	2	1	1	2	2	1	1	2	1	2	2	1	1	2	2	1	2	1	1	2	2	1	1	2	1	2	2	1
32	2	2	1	2	1	1	2	2	1	1	2	1	2	2	1	2	1	1	2	1	2	2	1	1	2	2	1	2	1	1	2

QC 活动方法深入解析

5. $L_{12}(2^{11})$

试验号 \ 列号	1	2	3	4	5	6	7	8	9	10	11
1	1	1	1	2	2	1	2	1	2	2	1
2	2	1	2	1	2	1	1	2	2	2	2
3	1	2	2	2	2	2	1	2	2	1	1
4	2	2	1	1	2	2	2	2	1	2	1
5	1	1	2	2	1	2	2	2	1	2	2
6	2	2	1	1	2	2	2	1	2	1	1
7	1	2	1	1	1	1	2	2	2	1	2
8	2	2	1	2	1	2	1	1	2	2	2
9	1	1	1	1	2	2	1	1	1	1	2
10	2	1	1	2	1	1	1	2	1	1	1
11	1	2	2	1	1	1	1	1	1	2	1
12	2	2	2	2	2	1	2	1	1	1	2

6. $L_9(3^4)$

试验号 \ 列号	1	2	3	4
1	1	1	3	2
2	2	1	1	1
3	3	1	2	3
4	1	2	2	1
5	2	2	3	3
6	3	2	1	2
7	1	3	1	3
8	2	3	2	2
9	3	3	3	1

7. $L_{27}(3^{13})$

试验号 \ 列号	1	2	3	4	5	6	7	8	9	10	11	12	13
1	1	1	3	2	1	2	2	3	1	2	2	3	3
2	2	1	1	1	1	1	3	3	2	1	1	2	1
3	3	1	2	3	1	3	1	3	3	1	1	1	2

续表

试验号\列号	1	2	3	4	5	6	7	8	9	10	11	12	13
4	1	2	2	1	1	2	2	2	3	1	3	1	1
5	2	2	3	3	1	1	3	2	1	3	3	3	2
6	3	2	1	2	1	3	1	2	2	2	3	2	3
7	1	3	1	3	1	2	2	1	2	3	2	2	2
8	2	3	2	2	1	1	3	1	3	2	2	1	3
9	3	3	3	1	1	3	1	1	1	1	2	3	1
10	1	1	1	1	2	3	1	3	2	3	3	3	3
11	2	1	2	3	2	2	1	1	1	3	1	2	3
12	3	1	3	2	2	1	2	1	2	3	3	1	1
13	1	2	3	3	2	3	3	3	2	1	2	1	3
14	2	2	1	2	2	2	1	3	3	3	2	3	1
15	3	2	2	1	2	1	2	3	1	2	2	2	2
16	1	3	2	2	2	3	3	2	1	3	1	2	1
17	2	3	3	1	2	2	1	2	2	2	1	1	2
18	3	3	1	3	2	1	2	2	3	1	1	3	3
19	1	1	2	3	3	1	1	2	2	2	2	3	1
20	2	1	3	2	3	3	2	2	3	1	2	2	2
21	3	1	1	1	3	2	3	2	1	3	2	1	3
22	1	2	1	2	3	1	1	1	1	1	1	1	2
23	2	2	2	1	3	3	2	1	2	3	1	3	3
24	3	2	3	3	3	2	3	1	3	2	1	2	1
25	1	3	3	1	3	1	1	3	3	3	3	2	3
26	2	3	1	3	3	3	2	3	1	2	3	1	1
27	3	3	2	2	3	2	3	3	2	1	3	3	2

8. $L_{18}(6^1 \times 3^6)$

试验号\列号	1	2	3	4	5	6	7
1	1	1	3	2	2	1	2
2	1	2	1	1	1	2	1
3	1	3	2	3	3	3	3
4	2	1	2	1	2	3	1
6	2	3	1	2	3	2	2
7	3	1	1	3	1	3	2

续表

试验号 \ 列号	1	2	3	4	5	6	7
8	3	2	2	2	3	1	1
9	3	3	3	1	2	2	3
10	4	1	1	1	3	1	3
11	4	2	2	3	2	2	2
12	4	3	3	2	1	3	1
13	5	1	3	3	3	2	1
14	5	2	1	2	2	3	3
15	5	3	2	1	1	1	2
16	6	1	2	2	1	2	3
17	6	2	3	1	3	3	2
18	6	3	1	3	2	1	1

9. $L_{18}(2^1 \times 3^7)$

试验号 \ 列号	1	2	3	4	5	6	7	8
1	1	1	1	3	2	2	1	2
2	1	2	1	1	1	1	2	1
3	1	3	1	2	3	3	3	3
4	1	1	2	2	1	2	3	1
5	1	2	2	3	3	1	1	3
6	1	3	2	1	2	3	2	2
7	1	1	3	1	3	3	2	2
8	1	2	3	2	2	3	1	1
9	1	3	3	3	1	2	2	3
10	2	1	1	1	1	3	1	3
11	2	2	1	2	3	2	2	2
12	2	3	1	3	2	1	3	1
13	2	1	2	3	3	3	2	1
14	2	2	2	1	2	2	3	3
15	2	3	2	2	1	1	1	2
16	2	1	3	2	2	1	2	3
17	2	2	3	3	1	3	3	2
18	2	3	3	1	3	2	1	1

10. $L_8(4^1 \times 2^4)$

试验号 \ 列号	1	2	3	4	5
1	1	1	2	2	1
2	3	2	2	1	1
3	2	2	2	2	2
4	4	1	2	1	2
5	1	2	1	1	2
6	3	1	1	2	2
7	2	1	1	1	1
8	4	2	1	2	1

11. $L_{16}(4^5)$

试验号 \ 列号	1	2	3	4	5
1	1	2	3	2	3
2	3	4	1	2	2
3	2	4	3	3	4
4	4	2	1	3	1
5	1	3	1	4	4
6	3	1	3	4	1
7	2	1	1	1	3
8	4	3	3	1	2
9	1	1	4	3	2
10	3	3	2	3	3
11	2	3	4	2	1
12	4	1	2	2	4
13	1	4	2	1	1
14	3	2	4	1	4
15	2	2	2	4	2
16	4	4	4	4	3

12. $L_{16}(4^4 \times 2^3)$

试验号 \ 列号	1	2	3	4	5	6	7
1	1	2	3	2	2	1	2
2	3	4	1	2	1	2	2

续表

列号 试验号	1	2	3	4	5	6	7
3	2	4	3	3	2	2	1
4	4	2	1	3	1	1	1
5	1	3	1	4	2	2	1
6	3	1	3	4	1	1	1
7	2	1	1	1	2	1	2
8	4	3	3	1	1	2	2
9	1	1	4	3	1	2	2
10	3	3	2	2	2	1	2
11	2	3	4	2	1	1	1
12	4	1	2	2	2	2	1
13	1	4	2	1	1	1	1
14	3	2	4	1	2	2	1
15	2	2	2	4	1	2	2
16	4	4	4	4	2	1	2

13. $L_{16}(4^3 \times 2^6)$

列号 试验号	1	2	3	4	5	6	7	8	9
1	1	2	3	1	2	2	1	1	2
2	3	4	1	1	1	2	2	1	2
3	2	4	3	2	2	1	2	1	1
4	4	2	1	2	1	1	1	1	1
5	1	3	1	2	2	2	2	2	1
6	3	1	3	2	1	2	1	2	1
7	2	1	1	1	2	1	2	2	2
8	4	3	3	1	1	1	2	2	2
9	1	1	4	2	1	1	2	1	2
10	3	3	2	2	2	1	1	1	2
11	2	3	4	1	1	2	1	1	1
12	4	1	2	1	2	2	2	1	1
13	1	4	2	2	1	1	1	2	1
14	3	2	4	1	2	1	2	2	1
15	2	2	2	2	1	2	2	2	1
16	4	4	4	2	2	2	1	2	2

14. $L_{16}(4^2 \times 2^9)$

试验号 \ 列号	1	2	3	4	5	6	7	8	9	10	11
1	1	2	2	1	1	2	2	1	1	1	2
2	3	4	1	1	1	1	2	2	1	2	2
3	2	4	2	2	1	2	1	2	1	1	1
4	4	2	1	2	1	1	1	1	1	2	1
5	1	3	1	2	1	2	2	2	2	2	2
6	3	1	2	2	1	2	1	2	1	1	1
7	2	1	1	1	1	2	1	1	2	2	1
8	4	3	2	1	1	1	2	1	2	1	2
9	1	1	2	2	2	1	1	2	1	2	2
10	3	3	1	1	2	2	1	1	1	1	2
11	2	3	2	1	2	1	2	1	1	2	1
12	4	1	1	1	2	2	2	2	1	1	1
13	1	4	1	1	2	1	1	1	2	1	1
14	3	2	2	1	2	2	1	2	2	2	1
15	2	2	1	2	2	1	2	1	2	1	2
16	4	4	2	2	2	2	2	1	2	2	2

15. $L_{16}(4^1 \times 2^{12})$

试验号 \ 列号	1	2	3	4	5	6	7	8	9	10	11	12	13
1	1	1	2	2	1	2	1	2	2	1	1	1	2
2	3	2	2	1	1	1	1	2	2	1	2	2	2
3	2	2	2	2	2	1	1	2	1	2	1	1	1
4	4	1	2	1	2	2	1	1	1	1	2	1	1
5	1	2	1	1	2	2	1	2	2	2	2	2	1
6	3	1	1	2	2	1	1	1	2	2	1	1	1
7	2	1	1	1	1	1	1	2	1	1	1	1	2
8	4	2	1	2	1	2	1	1	2	1	2	1	2
9	1	1	1	2	2	1	2	1	1	2	1	2	2
10	3	2	1	1	2	2	2	2	1	1	1	1	2
11	2	2	1	2	1	2	2	1	2	1	1	2	1
12	4	1	1	1	1	1	2	2	2	2	1	1	1
13	1	2	2	1	1	1	2	1	1	1	2	1	1
14	3	1	2	2	1	2	2	2	1	2	1	2	2
15	2	1	2	1	2	2	2	1	2	1	2	1	2
16	4	2	2	2	2	1	2	2	2	1	2	2	2

16. $L_{32}(4^9 \times 2^4)$

列号 / 试验号	1	2	3	4	5	6	7	8	9	10	11	12	13
1	1	2	3	2	3	3	2	1	3	2	1	2	1
2	3	4	1	2	2	1	2	3	4	1	1	1	1
3	2	4	3	3	4	1	1	4	3	1	1	2	2
4	4	2	1	3	1	3	1	2	4	2	1	1	2
5	1	3	1	4	4	4	1	3	2	2	1	2	1
6	3	1	3	4	1	2	1	1	1	1	1	1	1
7	2	1	1	1	3	2	2	2	1	2	1	2	2
8	4	3	3	1	2	4	2	4	1	2	1	1	2
9	1	1	4	3	2	1	4	2	1	2	1	2	1
10	3	3	2	3	3	3	4	4	2	1	1	1	1
11	2	3	4	2	1	3	3	3	1	1	1	2	2
12	4	1	2	2	4	1	3	1	2	2	1	1	2
13	1	4	2	1	1	2	3	4	4	2	1	2	1
14	3	2	4	1	2	4	3	2	3	1	1	1	1
15	2	2	2	4	2	4	4	1	4	1	1	2	2
16	4	4	4	4	3	2	4	3	3	2	1	1	2
17	1	2	1	4	3	1	3	4	1	1	2	1	2
18	3	4	3	4	2	3	3	2	2	2	2	2	2
19	2	4	1	1	4	3	4	1	1	2	2	2	1
20	4	2	3	1	1	1	4	3	2	1	2	2	1
21	1	3	3	2	4	2	4	2	4	1	2	1	2
22	3	1	1	2	1	4	4	4	3	2	2	2	2
23	2	1	3	3	3	4	3	1	4	2	2	1	1
24	4	3	1	3	2	2	3	1	3	1	2	2	1
25	1	1	2	1	2	3	1	3	3	1	2	1	2
26	3	3	4	1	3	1	1	1	4	2	2	2	2
27	2	3	2	4	1	1	2	2	3	2	2	1	1
28	4	1	4	4	4	3	2	4	4	1	2	2	1
29	1	4	4	3	1	4	2	1	2	1	2	1	2
30	3	2	2	3	4	2	2	3	1	2	2	2	2
31	2	2	4	2	2	2	1	4	2	2	2	1	1
32	4	4	2	2	3	4	1	2	1	1	2	2	1

17. $L_{25}(5^6)$

列号 试验号	1	2	3	4	5	6
1	1	1	2	4	3	2
2	2	1	5	5	5	4
3	3	1	4	1	4	1
4	4	1	1	3	1	3
5	5	1	3	2	2	5
6	1	2	3	3	4	4
7	2	2	2	2	1	1
8	3	2	5	4	2	3
9	4	2	4	5	3	5
10	5	2	1	1	5	2
11	1	3	1	5	2	1
12	2	3	3	1	3	3
13	3	3	2	3	5	5
14	4	3	5	2	4	2
15	5	3	4	4	1	4
16	1	4	4	2	5	3
17	2	4	1	4	4	5
18	3	4	3	5	1	2
19	4	4	2	1	2	4
20	5	4	5	3	3	1
21	1	5	5	1	1	5
22	2	5	4	3	2	2
23	3	5	1	2	3	4
24	4	5	3	4	5	1
25	5	5	2	5	4	3

18. $L_{12}(3^1 \times 2^4)$

列号 试验号	1	2	3	4	5
1	2	1	1	1	2
2	2	2	1	2	1
3	2	1	2	2	2
4	2	2	2	1	1
5	1	1	1	2	2

续表

列号 试验号	1	2	3	4	5
6	1	2	1	2	1
7	1	1	2	1	1
8	1	2	2	1	2
9	3	1	1	1	1
10	3	2	1	1	2
11	3	1	2	2	1
12	3	2	2	2	2

19. $L_{12}(6^1 \times 2^2)$

列号 试验号	1	2	3
1	1	1	1
2	2	1	2
3	1	2	2
4	2	2	1
5	3	1	2
6	4	1	1
7	3	2	1
8	4	2	2
9	5	1	1
10	6	1	2
11	5	2	2
12	6	2	1

20. $L_{24}(3^1 \times 2^{16})$

列号 试验号	1	2	3	4	5	6	7	8	9	10	11	12	13	14	15	16	17
1	2	1	1	1	2	2	1	2	1	2	2	1	1	1	1	1	2
2	2	2	1	2	1	2	1	1	2	2	1	2	2	2	1	2	1
3	2	1	2	2	2	2	1	2	1	1	1	1	1	2	2	2	2
4	2	2	2	1	1	2	2	2	2	1	1	2	2	2	1	1	1
5	1	1	1	2	2	1	1	2	2	2	1	2	1	1	2	2	2
6	1	2	1	1	1	2	1	1	1	2	2	2	1	2	1	2	1
7	1	1	2	1	1	1	2	2	2	1	2	2	1	2	1	1	1

附　录　常用正交表

续表

列号 试验号	1	2	3	4	5	6	7	8	9	10	11	12	13	14	15	16	17
8	1	2	2	1	2	1	2	1	2	2	2	2	2	2	2	1	2
9	3	1	1	1	1	2	2	1	1	1	1	2	2	1	1	1	1
10	3	2	1	1	2	1	1	1	2	1	1	1	2	2	1	1	2
11	3	1	2	2	1	1	1	1	1	1	2	1	2	1	2	2	1
12	3	2	2	2	2	2	1	2	1	1	1	2	2	2	2	2	2
13	2	2	2	2	1	1	2	1	2	1	1	2	1	1	1	1	1
14	2	1	2	2	1	2	1	2	1	1	1	1	1	1	1	1	1
15	2	2	1	1	1	1	2	1	2	1	2	1	2	2	1	2	2
16	2	1	1	2	2	1	1	1	2	1	2	1	2	2	1	1	1
17	1	2	2	1	2	1	1	1	1	1	1	2	1	1	1	1	2
18	1	1	2	1	2	1	1	1	1	1	2	1	2	1	1	1	1
19	1	2	1	2	2	2	1	1	1	1	1	2	1	2	1	1	1
20	1	1	1	2	1	2	1	2	2	1	1	1	1	2	2	1	2
21	3	2	2	2	2	1	1	2	2	2	1	1	1	1	1	1	1
22	3	1	2	2	1	2	1	2	1	2	2	2	1	1	1	1	1
23	3	2	1	1	2	2	2	2	1	2	1	1	1	1	2	2	1
24	3	1	1	1	1	1	2	1	2	2	1	1	2	2	2	2	2

21. $L_{20}(5^1 \times 2^8)$

列号 试验号	1	2	3	4	5	6	7	8	9
1	4	2	1	2	2	1	2	1	2
2	4	1	1	1	1	2	1	2	2
3	4	2	2	2	2	2	1	2	1
4	4	1	2	1	1	1	2	1	1
5	2	1	1	2	2	2	1	1	2
6	2	2	1	1	1	1	1	1	1
7	2	1	2	1	1	1	2	2	1
8	2	2	2	2	1	2	2	2	1
9	5	1	1	1	2	2	1	2	1
10	5	2	1	1	1	1	2	2	2
11	5	2	2	2	2	1	1	1	2
12	5	1	2	2	2	2	1	1	1
13	3	1	1	2	2	1	2	2	1
14	3	2	1	1	2	2	2	1	1
15	3	1	2	2	1	1	1	2	2
16	3	2	2	1	1	2	1	1	2

续表

列号 试验号	1	2	3	4	5	6	7	8	9
17	1	1	1	2	1	1	1	1	1
18	1	2	1	2	1	2	2	2	2
19	1	2	2	1	2	1	1	2	1
20	1	1	2	1	2	2	2	1	2

22. $L_{16}(8^1 \times 2^8)$

列号 试验号	1	2	3	4	5	6	7	8	9
1	1	2	1	2	1	2	2	1	1
2	2	2	1	1	1	1	2	2	2
3	3	2	2	1	1	2	1	2	1
4	4	2	2	2	1	1	1	1	2
5	5	1	2	2	1	2	2	2	2
6	6	1	2	1	1	1	2	1	1
7	7	1	1	1	1	2	1	1	2
8	8	1	1	2	1	1	1	2	1
9	1	1	2	1	2	1	1	2	2
10	2	1	2	2	2	2	1	1	1
11	3	1	1	2	2	1	2	1	2
12	4	1	1	1	2	2	2	2	1
13	5	2	1	1	2	1	1	1	1
14	6	2	1	2	2	2	1	2	2
15	7	2	2	2	2	1	2	2	1
16	8	2	2	1	2	2	2	1	2

后 记

《通信行业QC方法解析》一书出版后，应广大读者的要求，我又开始为本书做准备，经过一年多的准备和编撰，今天这本书终于与读者见面了。本人退休后在中国通信企业协会从事QC小组活动的推进工作近8年的时间，凭借在信息通信行业工作40多年的经历，我对QC小组的理论与实践有了较深入的理解，特别是在我从事QC小组推进活动组织和教学过程中，北京师范大学教授、中国质量协会学术委员会委员、我国QC小组活动泰斗级专家邢文英老师给予我悉心的指导，使我受益匪浅。上述诸多因素才使我有了编写具有通信行业特点的QC知识培训教材的信心。本人虽然已经退休，但是为通信行业QC小组活动广泛深入开展贡献力量的初心没变，这是我编撰此书的目的和出发点，我相信此书定能对提高QC小组活动成果的水平有所帮助。

编撰这本书，得到了许多领导、专家及同行的关心和支持：承蒙朱高峰老领导的厚爱，他亲自为这本书写了序言；中国通信企业协会的郭浩会长也给予我鼓励；我的老领导、原中国通信企业协会副会长钱晋群给予我热心指导；书中用到的案例的QC小组也为我提供了许多帮助；人民邮电出版社王建军、刘婷、赵娟、李娅绮等同志为本书的编辑出版做了大量工作。在此，一并表示衷心的感谢！